प्यार हो ही जाएगा

काव्य संग्रह

डा. त्रिलोक 'उजागर'
अतुल उजागर

ISBN 979-8-89026-969-0

"आपका आपको अर्पण"

मेरी बात

मेरे पूज्य पिता डा0 त्रिलोक 'उजागर' की उन्मुक्त कलम से लिखी गई इन गज़ल, शेर-ओ शायरी और कविताओं को पाठकों के समक्ष आने का सौभाग्य कुछ 60-70 वर्ष बाद मिला, देर से मिला, पता नहीं क्यों, शायद यह उनकी या फिर मेरी नियति थी। अस्तु।

वरिष्ठ कवि 'श्री रामधारी सिंह दिनकर' ने एक दिन अनायास ही पापा की कविताएं सुन भाव-विभोर हो उन्हें कहा "त्रिलोक तुम तो उजागर हो" और फिर उसी क्षण से हम 'खन्ना' से 'उजागर' हुए, पापा का यही उपनाम हमें विरासत में मिला।

मुझे याद है अपना बचपन, जब खेल कूद के दिन थे, तब अक्सर पापा की कविताएं, नज्में कानों में पड़ती रहती। पापा संगीतकारों के साथ, गायकों के साथ अपने गीतों की तर्ज बनाते, गाते-गुनगुनाते मुखड़ा, अन्तरा स्वरबद्ध करते और हम बार-बार सुन-सुन मानो सहज ही याद कर लेते। आज भी पापा की वही धुनें बरबस कानों में गूंज उठती है कि-

'स्वर लहरी तुम ही बनी
थिरक रही हो इन गानों में
तुम कवि की कविता हो सारी
मैं बस यूँ ही लिख लेता हूँ
तुम दिया प्रेरणा करती हो
मैं बांध छन्द में देता हूँ

या फिर

'वादे पे ऐतबार कर आँखों में जाँ सिमट गई,
कैसे कहें वो जान की खा के कसम बदल गए'

वैसे तो पापा दिल्ली विश्वविद्यालय के दयाल सिंह कॉलेज में संस्कृत विभागाध्यक्ष थे, पर पापा को सब परिचित "कवि जी" कह कर सम्बोधित करते थे। मुझे अक्सर अब उम्र के इस पड़ाव पर लगता है कि मेरे पापा कवि तो थे ही, कबीर भी थे क्योंकि उनकी कवि दृष्टि में कभी धन या मान, पद प्रतिष्ठा का कोई महत्व था ही नहीं, वे तो सड़क किनारे जूते सिलते मोची को भी उसी समभाव से कविता सुनाते, जिस तरह कार से उतरे साहब को। गली में, नुक्कड़ पर उनसे कुछ नया सुनने को जो श्रोता उत्सुक रहते, उनमें हर वर्ग के लोग होते और जो समभाव, समदृष्टि पापा रखते थे, वही उनकी कलम पर उतर आई जब लिखा:

'इसलिए जब कभी कोई गिरने लगे
हाथ आगे बढ़ाना बड़ी बात है, झुक के उसको उठाना बड़ी बात है'
और हर महफिल हंसी ठहाकों पर ही जा ठहरती, ये भी सत्य है

'इन गमों से भरी जिन्दगी में यहाँ
एक दिन मुस्कराना बड़ी बात है एक दिन प्यार पाना बड़ी बात है'

युवा होने पर, जैसा कि अक्सर होता है, मैं अपने कार्य में, जीवन में व्यस्त होता गया और कई बार पापा से अनुरोध किया कि गज़ल, शेर-ओ शायरी, कविताओं की एक और किताब छपाई जाए, तो इस पर पापा हमेशा हंस कर टाल दिया करते थे, कहकर कि-

'उम्र छोटी सी थी गुज़ार चले,
रोते आये थे, अश्क-बार चले
हसरतें दिल में लाख बाकी हैं,
ख्वाब आँखों में ले हज़ार चले
कश्मकश की कि मौत से जीतें,
कौन जीता है, हम भी हार चले
जाने को जी अभी नहीं करता,
छोड़कर बाग पुर-बहार चले'

फिर तरन्नुम में गा उठते

"जिन्दगी में न चला साथ कोई,
पीछे पर लोग बेशुमार चले
थी उजागर में खूबियाँ कितनी,
याद करते जगाने यार चले"

पापा ने जो सादगी भरा जीवन जिया तो कबीर की चादर जस की तस धर दीन्ही क्योंकि ये वही कलम लिख सकती है कि-

"पाप हुए अनजाने कितने, जाने पाप किया न कोई,
तन की उजली चादर पर कुछ धब्बे हैं, दाग नहीं हैं,
मैली इसे बताने वाले, साँझ सवेरे याद करेंगे"

पापा अक्सर कहते थे 'बात वो जो दिल से निकले, दिल तक पहुंचे और सीधी दिल में उतर जाए'। मुझे पूरी उम्मीद है कि ये अश्आर आप भी अपने दिल के करीब ही पाएँगे।

"होंगे न हम बहुत ही तुझे याद आएंगे
भर आएगी आँख मेरे जाने की सुन ख़बर

रो करके चार यार तुझे भी रुलाऐंगे
ये बादाख़्वार सारे मेरे यार हमनशीं
इक रोज़ याद में न पियेंगे पिलाएंगे
बन मयकदा ये जाएगा उस रोज़ ग़मकदा
जिस दिन कि यार मिल मेरा मातम मनाएंगे
आएगी याद तुमको 'उजागर' की उस घड़ी
एहबाब जब ग़ज़ल कोई पुरदर्द गाएंगे

आपने इस किताब को चुना, मुझे हर्ष है, थोड़ी अपेक्षा भी है कि कुछ पंक्तियाँ तो अच्छी लगेगी ही, कोई भाव तो आप अपने मन के करीब पाएंगे ही, चाहे कोई भी पन्ना कहीं से भी पलट कर पढ़ेंगे, और मेरे पिता के शब्द यदि कहीं आपके भी अन्तर्मन को छू जाए तो मेरा "YouTube channel - Ujagars (Youtube handle - Ujagars5417)" भी अवश्य देखेंगे – मेरी आवाज में पिता के शेर-शायरी और कविताएँ – इसी अनुरोध, इस आशा और विश्वास के साथ।

अतुल उजागर

YouTube channel @ujagars5417

प्रथम काव्य संग्रह "एक गीत और गा" से कुछ भाव मेरे पिता डा. त्रिलोक 'उजागर' की कलम से....

सृजन के क्षण

आनन्द की खोज चिरन्तन है, आनन्द का दूसरा नाम रस है और रस काव्य का अन्तरंग अंग है, काव्य की परिभाषा है - 'वाक्यं रसात्मकं काव्यम्' और रस ही पर ब्रह्म है 'रसो वै स:' इस प्रकार यह 'दैवी' है। 'कवि कर्म काव्यम्' पर वास्तव में कवि के लिए काव्य-सृजन भावोद्वेग का भावोद्वेग है पर भावानुभूति की अभिव्यक्ति तक होने वाली अकुलाहट, छटपटाहट की पीड़ा को कवि ही जानता है। सुकवि ही सुकवि की अनुभूति से अभिव्यक्ति तक की पीड़ा अनुभव कर सकता है।

हर कवि अपने काव्य का जनक होता - अपारे काव्य संसारे कविरेक प्रजापति:। इन गीतों में मैं स्वयं अपने आदर्श की झलक पाता हूँ। यदि पाठक भी ऐसा ही समझे तो इसमें आश्चर्य नहीं। हर हृदय में कविता बसती है, बस अभिव्यक्ति केवल कवि के ही पास होती है। शाश्वत प्रेम की बहती इस नदी में जहाँ एक ओर मैं कह पाया-

अन्तिम अभिलाषा साँसों की चटक साथ डोरी यह जाए
एक साथ ही, एक समय पर आकर मौत हमें सुलाये
एक चिता की, एक धधक से, एक लपट से जले ये माटी
एक हवा का झोंका आकर, ढेरी को ऐसे बिखराए
दोहराए यह बात हमारी लौटें जन परिजन यह कहते
दोनों बड़ भागी थे जिनको पड़ा न पीछे रोना-धोना
क्षण-भर प्रिये! अलग मत होना
वहीं दूसरी ओर-

तुम धड़कन हो वक्षस्थल की, मैं हूँ उस पर जीने वाला
तुम कलिका-सुषमा कानन की, मैं भ्रमर भ्रमित हूँ मतवाला
तुम रूप रंग से भरीं हुई. मैं मुग्ध हुआ भोला भाला

ये मेरे गीत विरह-मिलन, आकर्षण-विकर्षण, आशा-निराशा, स्वाभिमान-समर्पण की भावना से अद्त हैं। मेरा आत्म चिन्तन, गहराई का अवलोकन, चिरन्तन अन्वेषण, जीवन-दर्शन आदि की समय-समय पर प्रतिक्रिया इन गीतों में उभर पाई हो तो मैं अपनी लेखनी को धन्य मानूंगा।

हिन्दी शब्दावली में उर्दू का भरपूर प्रयोग किया है मैंने और यही सहजता मेरे गीतों को छन्द गीत की गेयता दे जाती है, चाहे शब्द शास्त्रीय हों या आम बोलचाल के-

करने को करते हैं, इज़हार-ए-मोहब्बत लेकिन
अब तो वो जोश, वो एहसास, वो जज़्बात नहीं
क्या हुआ? कैसे बदल ऐसे क्यों हालात गये?
सोचने से ये सुलझते हैं, सवालात नहीं

मैंने प्रेम को गाया है, जिया है, जब कहा है-

आँसू हसरतों की आँख में बची निशानियाँ
आपसी है रंज-ओ-ग़म और बदगुमानियाँ
जाये आदमी कहाँ, दुखों भरा है ये जहाँ
हर कदम मुसीबतें और परेशानियाँ
एक जाम बन ढलो, एक जाम बन ढलूँ
एक रात के लिये, खुमार हो ही जाएगा,
एक बात तुम कहो, एक बात मैं कहूँ
रफ्ता रफ्ता दो दिलों में प्यार हो ही जाएगा...

मानता आया हूँ, जो शब्द दिल को छू जाए वे गीत बन गूँजते हैं क्योंकि उससे जो एक अदृश्य तस्वीर उभरती है उसके रंग में होती है खुशबू और उसमे एक महक।

इसलिए कहता हूँ-"प्यार हो ही जाएगा"

- डा. त्रिलोक 'उजागर'

अनुक्रमणिका

1. उम्र छोटी सी थी

उम्र छोटी सी थी, गुज़ार चले...
रोते आये थे, अश्क-बार चले
हसरतें दिल में लाख बाकी हैं
ख्वाब आँखों में ले हज़ार चले
अज़ार-ए-इश्क से जान नहीं छूटी

एक मुद्दत हुई बीमार चले
जैसी गुज़री गुज़ार दी हमने
काट कर दिन यहां दो चार चले
उम्र छोटी सी थी, गुज़ार चले

गर्दिश-ए-दहर में हम जिये ऐसे
साथ अपने लिये मज़ार चले
कश्मकश की कि मौत से जीतें
कौन जीता है, हम भी हार चले
उम्र छोटी सी थी, गुज़ार चले

जाने को जी अभी नहीं करता
छोड़ कर बाग पुर-बहार चले
हम से बुतखाने में न बुत बोले
हम सभी को यहाँ पुकार चले
उम्र छोटी सी थी, गुज़ार चले

ज़िन्दगी में चला न साथ कोई
पीछे पर लोग बेशुमार चले
थीं 'उजागर' में खूबियाँ कितनी
याद करते जगाने यार चले
उम्र छोटी सी थी, गुज़ार चले

ज़िन्दगी में चला न साथ कोई
पीछे पर लोग बेशुमार चले
थीं 'उजागर' में खूबियाँ कितनी
याद करते जगाने यार चले
उम्र छोटी सी थी, गुज़ार चले

2. प्यार हो ही जाएगा

एक बात तुम कहो, एक बात मैं कहूँ
रफ्ता रफ्ता दो दिलों में प्यार हो ही जाएगा

ज़िन्दगी की ये डगर, तो सूनी है उदास है
हर गली उमस भरी, घुटन भरी ये सांस है
गाँव का निशाँ, कहीं दीखता अभी नहीं
शाम का डरावना ही, साया आसपास है
एक पाँव तुम चलो, एक पाँव मैं चलूँ
धीरे धीरे रास्ता, ये पार हो ही जाएगा

एक बात तुम कहो, एक बात मैं कहूँ
रफ्ता रफ्ता दो दिलों में प्यार हो ही जाएगा

आदमी पे मौत की कमान से लगी झड़ी
देह बच गई कोई, तो लाश बन कोई पड़ी
है लगी चला चली, यह गया, या वो गया
चल दिया वही के जिसकी आ गयी घड़ी
ढाल प्यार की बनो, ढाल प्यार की बनूँ
मौत का विफल प्रहार हो ही जाएगा,
एक बात तुम कहो, एक बात मैं कहूँ
रफ्ता रफ्ता दो दिलों में प्यार हो ही जाएगा

आँसू हसरतों की आँख में बची निशानियाँ
आपसी है रंज-ओ-ग़म और बदगुमानियाँ
जाये आदमी कहाँ, दुखों भरा है ये जहाँ
हर कदम मुसीबतें और परेशानियाँ
एक जाम बन ढलो, एक जाम बन ढलूँ
एक रात के लिये, खुमार हो ही जाएगा,

एक बात तुम कहो, एक बात मैं कहूँ
रफ्ता रफ्ता दो दिलों में प्यार हो ही जाएगा

3. तुम्हारे प्यार में

तुम्हारे प्यार में तन मन बिसार बैठे हैं
तुम्हारे सामने, दिल को भी हार बैठे हैं
किसी से प्यार है, कैसे किसी से कहें
छिपायें कैसे, कि कर हम प्यार बैठे हैं
नीयत हमारी थी कि जो राज़ है, वो राज़ रहे
तुम्हे जो ख्वाब में देखा, पुकार बैठे हैं
तुम्हारे आने की उम्मीद अब नहीं बाकी
कहा था तुमने किये इंतेज़ार बैठे हैं
मिलेगा कुछ नहीं, इन हसीं बहारों से
पर फिर भी, हाथ अपना पसार बैठे हैं
तुम जो आओ, तो चैन आ जाये
थामे दिल बेक़रार बैठे हैं
कभी तो आओगे गली में 'उजागर' की
बिछाये नैन तेरी राह गुज़ार बैठे हैं
तुम्हारे प्यार में तन मन बिसार बैठे हैं
तुम्हारे सामने, दिल को भी हार बैठे हैं

(Shri Trilok Chand
Mijaffar)

4. मैं भूला नहीं हूँ

अभी तक मुझे याद, सपने सुहाने, वो गुजरे ज़माने,
मैं भूला नहीं हूँ
कहाँ भूल पाया, चमन की बहारें, पवन के इशारे,
मैं भूला नहीं हूँ
मधुर साज़ उल्फत का छेड़ा कभी था, छेड़ा कभी था
नहीं भूल पाया, उसी के तराने, सुरीले से गाने,
मैं भूला नहीं हूँ
कभी जो बिताये हैं, दिन वो ख़ुशी के, हाँ दिन वो ख़ुशी के
सभी याद मुझको हैं, रंगीन रातें, प्यारी वो बातें,
मैं भूला नहीं हूँ
कभी साथ मिलती थीं, तन्हाइयों में, हाँ तन्हाइयों में,
भुलाये नहीं हैं, नदी के किनारे, वो वादे तुम्हारे,
मैं भूला नहीं हूँ
देखा था मैंने की तूफान उठा था, की तूफ़ान उठा था
आँखों के आगे, बिछुड़ के जाना, दो आंसूं बहाना,
मैं भूला नहीं हूँ

5. पाँवों के निशाँ

राहों में पड़े अपने पाँवों के निशाँ होंगे
हैं आज यहाँ पर हम, कल जाने कहाँ होंगे
है चांदनी बाँहों में, और ख्वाब निगाहों में
कल अश्क़ ये बनकरके, आँखों से रवां होंगे
फिर रात यही होगी, और बात यही होगी
मौसम भी यही होगा, हम तुम न यहाँ होंगे
धड़कन ने बुलाया तो, हम पास चले आये
कल तुम जो पुकारोगे, कहने को न 'हाँ' होंगे
हम दूर कहीं होंगे, मजबूर कहीं होंगे
ढूंढोगे वहां हमको, कल हम न जहाँ होंगे
महफ़िल में 'उजागर' है, तो चिराग जले कितने
शायद ये दिए बुझकर, कल देते धुआँ होंगे

6. एक गीत और गा

कौन जाने टूट जाये तार कब सितार का,
एक गीत और गा प्यार की बहार का
कौन जाने साँस कब, इस बदन को छोड़ दे
कौन जाने कब बहार, इस चमन को छोड़ दे
एक गीत और गा रूप के श्रृंगार का
एक गीत और गा प्यार की बहार का

न छेड़ साज़ सोज़ का, न नग़मा ग़म भरा बजा
न वक़्त को यूँही गंवा, धुन खुशी की गुनगुना
गाज़ गिर न जाने कब किस जशन को मोड़ दे
कौन जाने कब बहार, इस चमन को छोड़ दे
एक गीत और गा रूप के श्रृंगार का
एक गीत और गा प्यार की बहार का

चार दिन की ज़िन्दगी, है चार दिन की चाँदनी
चार दिन की हर खुशी, है चार दिन की रागिनी
कौन जाने कौन क्षण, किस सपन को तोड़ दे
कौन जाने कब बहार, इस चमन को छोड़ दे
एक गीत और गा रूप के श्रृंगार का
एक गीत और गा प्यार की बहार का

चार दिन का है सफ़र, है चार दिन की ये उमर
हो चार दिन के बाद क्या, ये किसी को क्या खबर
मौत बेरहम न जने कब कफ़न को ओढ़ दे
कौन जाने कब बहार इस चमन को छोड़ दे
एक गीत और गा रूप के श्रृंगार का
एक गीत और गा प्यार की बहार का

7. बदल गये

वाइज़-ओ-रिन्द ही नहीं, दैर-ओ-हरम बदल गये
तौर में ऐसे दौर के दीन-ओ-धरम बदल गये
वादे पे ऐतबार कर, आँखों में जाँ सिमट गई
कैसे कहें वो जान की, खाके कसम बदल गये
वाइज़-ओ-रिन्द ही नहीं......

वही काफ़िले, वही सिलसिले, वही मरहले, वही मन्जिले
गर्द-ए-गुबार में मगर, नक़्शे कदम बदल गये
शीशा-ए-दिल को ज़र्फ दे, तर्के-वफ़ा वो कर गये
फिर भी गिला है वक़्त की तरह से हम बदल गये
वाइज़-ओ-रिन्द ही नहीं........

बुत में दिखा जो नूर तो सिजदा किया था ख्वाब में
खुद को खुदा समझ के वो दिन में सनम बदल गये
हाल-ए-दिल मेहरूमियत, किससे कहें और क्या कहें
इतनी सी है ये दास्ताँ, करके रूह-ए-करम बदल गये

वाइज़-ओ-रिन्द ही नहीं.......

8. कहाँ जाएँ हम

कहाँ जायें हम, छोड़ ऐसे जहाँ को,
कि तरसे यहाँ जिन्दगी, ज़िन्दगी को
गरज की है यारी, ये मतलब के नाते,
न समझे यहाँ आदमी आदमी को
लिए हाथ बाइबिल कुरान और गीता,
लहू आदमी आप आदम का पीता
ये मिटटी ही मिटटी को करती दफ़न है
महल ताज का तो कबर पे ही जीता
सभी देखते कितनी ऊँची ईमारत,
न देखे कोई नींव नीचे दबी को

कहाँ जायें हम छोड़ ऐसे जहाँ को,
कि तरसे यहाँ ज़िन्दगी, ज़िन्दगी को
गरज की है यारी, ये मतलब के नाते,
न समझे यहाँ आदमी आदमी को

भरा आंसुओं से भी, बिकता नयन है
खिला फूल हर एक, बिकता चमन है
लिये भीगी पलकें ये देखा है हमने
यहाँ लाश तक का, भी बिकता कफ़न है
किसी के न दिल का कोई दर्द जाने,
न कोई समझे आँखों की नमी को
कहाँ जाएँ हम

यहाँ पैसे पैसे में इंसान बिकता
लुटेरों के हाथों से भगवान् बिकता
है इख़लाक़ तो कीमती हर मज़हब में
मगर कौड़ी कौड़ी में ईमान बिकता
कोई मुफलिसी की न मजबूरी समझे
न जाने किसी की कोई बेकसी को

कहाँ जायें हम छोड़ ऐसे जहाँ को,
कि तरसे यहाँ ज़िन्दगी ज़िन्दगी को
गरज की है यारी, ये मतलब के नाते,
न समझे यहाँ आदमी आदमी को

रुबाइयाँ

— 223 —

ढूंढे से नहीं मिलता, कभी यार किसी को –
कोशिश से नहीं मिलता है दीदार किसी को
मेरे तो अचानक ही कभी दीख पड़े, पर –
रूढ़को पे मिलता है· हर बार किसी को ?

— 224 —

मैं रोज का मेहमान हूँ, मेहमान नहीं हूँ –
हूँ परिचय पुरानी नई पहिचान नहीं हूँ –
लगता हो तुम्हे चाहे जुनो रोज को जानो
आता हूँ यही सोच कि– "अनजान" नहीं हूँ –

श्री उजागर

— 225 —

जीवन की कहानी को कहानी न कहो तुम –
ये बात पुरानी है – पुरानी न कहो तुम
यौवन के समय में भी कदम डोल न जायें–
तो ऐसी जवानी को जवानी न कहो तुम

9. मैं हाल-ए-दिल उन्हें

मैं हाल-ए-दिल उन्हें अपना कभी सुना न सका
उन्हें जो पास में पाया, तो खुद को पा न सका
मजहब मेरा तो इलाही न बुतपरस्ती है
तेरे तराशे हुए बुत को, मगर भुला न सका
हरम में भी तो सनम याद आ गये मुझको
झुका जो इश्क में सिर, फिर कहीं और झुका न सका
चला है चर्चा ज़माने में दास्ताँ का मेरी
लम्हा था एक, जिसे फिर से मैं बुला न सका
जिसे ढूंढते ही 'उजागर' गयी ढल उम्र सारी
गया जो छूट कहीं, ढूंढ कारवाँ न सका...

10. पूछोगे हाल-ए-दिल

पूछोगे हाल-ए-दिल तो, बताया न जाएगा
ये बात और है कि, छिपाया न जाएगा

पूछोगे बारहा तो कह देंगे ठीक हैं
कहकर नज़र को तुमसे, मिलाया न जाएगा
कोशिश करेंगे आँख से आँसू न गिर पड़े
मोती मिला जो धूल में, पाया न जाएगा
कर लेंगे ज़ब्त टूटा हुआ दिल मगर तुम्हे
हमसे तो ख्वाब में भी दिखाया न जाएगा
पूछोगे हाल-ए-दिल तो, बताया न जाएगा
ये बात और है कि, छिपाया न जाएगा

गैरों के साथ देख के, महसूस कल हुआ
अपना तुम्हें तो कहके बुलाया न जाएगा
ले लोगे जान भी, तो करेंगे न उफ़ कभी
शिकवा जुबाँ पे कोई भी लाया न जाएगा
मुद्दत हुई है तुमसे, 'उजागर' ग़ज़ल सुने
कहिये न, आज कुछ भी सुनाया न जाएगा
पूछोगे हाल-ए-दिल तो, बताया न जाएगा
ये बात और है कि, छिपाया न जाएगा

11. होरी गीत

झनन झनन झूम उठी, झूम उठी झूम
होरी की धूम मची, धूम मची धूम............

होरी पे गोरी के थिरक उठे पाँव
झनन झनन झूम उठा मस्ती में गाँव
रंगो की धार पड़े रस की फुहार
रंग गये गलियारे, देहरी और द्वार
होय, झनन झनन झूम उठी, झूम उठी झूम
होरी की धूम मची, धूम मची धूम.........

खनन खनन खनके रे, झाँझर की धूम
छनन छनन ताल रही, पायल को चूम
झर झर झर झरे रे कन कन पराग
गली गली खेल रहे अली-कली फाग
होय, झनन झनन झूम उठी, झूम उठी झूम
होरी की धूम मची, धूम मची धूम..............

चन्दन सी महक रही धरती की धूल
अम्बर में सतरंगी किरण रही झूल
रेशम सा फैल रहा, रंगों का जाल
गालों की लाली से लाल रे गुलाल
होय, झनन झनन झूम उठी, झूम उठी झूम
होरी की धूम मची, धूम मची धूम...........

12. चले गए

दो दिन यहाँ पे आये, गुज़ारे चले गये
जब रात ढल गई तो, सितारे चले गये

गैरों से कैसा शिकवा, शिकायत गिला करें
जब हम से दूर अपने हमारे चले गये

अब नाव डूब जाये, भंवर में फँसी तो क्या
मौजों में छोड़ खुद ही, किनारे चले गये

अब क्या चमन की आँख, बहारों का दम भरे
भोली नज़र को छल के नज़ारे चले गये

वो चल दिये, न लौटे तो अपना क़सूर क्या?
हम तो हर एक सांस, पुकारे चले गये

वो चल दिये तो आँख से आँसू भी चल दिये
आँचल में अश्क़ सारे, सँवारे चले गये

मुहं फेर कर न देखा, 'उजागर' न वो रुके
हम तो उन्हें ही, छुपके निहारे चले गये

13. बात करते हैं

बात करतें हैं, मगर पहले सी अब बात नहीं
मिलने को मिलते हैं, वो पर होती मुलाकात नहीं
था कभी वक्त हमारा, जो हमारा न रहा
कहने को अपने हैं, पर अपने हैं दिन रात नहीं

बात करते हैं.......

करने को करते हैं, इज़हार-ए-मोहब्बत लेकिन
अब तो वो जोश, वो एहसास, वो जज़्बात नहीं
क्या हुआ, कैसे बदल ऐसे क्यों हालात गये?
सोचने से ये सुलझते हैं सवालात नहीं
बात करते हैं.................

कवि उजागर एवं कुमारी विद्या को

परिणय-बेला के पुनीत पर्व पर सहज समर्पित

प्रणय-गीत

मांग रही सिन्दूर चांदनी

मेहंदी आज रचां हाथों में, सब मांगों सिंगार सजाएं
भू में मोती झालिक नभनभ तारों की गलहार बनाएं
आज लाज लेकर पलकों में
कलियां और सखा अंकों में

मांग लिया मूंदी चन्दन में, मांग रहां सिन्दूर चांदनी
भूल गई है भाने भाविनी

कांप रही शरमा घूंघट में रजनी आई है दुल्हन की
पलकों की पंखुरियों पर दो बूंदे हेमंत शबनम की
घर आए मेहमान सजाने
पल भर में जाने पहुंचाने
हम बैठे, ये लिए दुल्हन जैसी आई सिन्दूर-शालिनी !
मांग रही सिन्दूर चांदनी

चौक पुराए, दीप जलाए, शतशत चन्दनहार सजाए
मंगल गाएं ... ... पावन स्वर्ग घर आए
लहंगी महकी, महका आंगन
मोद लिए भूमा हर कण कण

राधाई गूंजी अब हरे, झूंझ रही है राग शालिनी
मांग रही सिन्दूर चांदनी

जीवन जगत्त नया आया है बस जाने को फुलवारी में
फूंक गया आ प्यास कंठ में, मोहन उठा कुंवरी में
अम्बर भी है झुका झुका सा
सागर भी है ठहरा रुका सा
सिमट गई धड़कन में धड़कन एक हो रहे कमा कामिनी
मांग रही सिन्दूर चांदनी

मन की बैंज सुला विराम को, बन्द करो वे नयन किशोरिया
अंगन बांधा रन शगो ... रा पहना दाली दो ...
मिले क्षितिज पे धरा गगन में
मिले स्वप्न से नयन नयन में

झुकी झुकी तलवर की दाली, भूल रही है बाला लासिनी
मांग रही सिन्दूर चांदनी

रचयिता :—
श्री उजागर प्रसाद
एम.ए.

भेंटकर्ता :—
श्री सेवक कुमार स्याल
बी.ए.

14. किसी जो गैर पर गुजरी

किसी जो गैर पर गुजरी, वही मेरी जुबानी है
बयां अपनी हकीकत की, तो वो समझे कहानी है
जुबाँ एतिहात कर खोली, फिर भी लफ्ज़ थर्राये
गया जो टूट लहजा तो वो बोले 'क्या रवानी है'
करी कोशिश कि न छलकें, मगर ये आँख भर आई
लुटाए हमने तो मोती, मगर समझे वो पानी है

संभाले से न खुद संभला, न दिल का हाल कह पाये
बता भी ये न पाए, ये उनकी मेहरबानी है
किसी जो गैर पर गुजरी, वही मेरी जुबानी है
बयां अपनी हकीकत की, तो वो समझे कहानी है

15. 'जीने दो' - हंस-गीत

जब तक जीवित हूँ जग वालों, मांग रहा हूँ शाल दुशाले
मर जाने पर सच कहता हूँ, तुमसे कफ़न नहीं माँगूँगा

जीते जी के संगी साथी, जीते जी के रिश्ते नाते
प्रणय, कहानी, सारे किस्से, जीते जी की सारी बातें
साँसों के कच्चे धागों से, 'मैं' ने 'मुझ' को 'तुम' से बाँधा
खेल-तमाशे, रंग रंगीले, मेले रेले सजी बारातें
सब जीते जी के सौदे हैं, क्षणभंगुर यह आँख मिचौनी
मुँद जाने पर दो पलकों के हँसते सपन नहीं माँगूँगा

झपकी आते ही पल भर में, नहीं जागता मीत जगाए
हिचकी आते ही क्षण भर में, होते अपने सगे-पराए
साँसों पर विश्वास करूँ क्या? अगला पल अपना हो, न हो
गीत आखिरी हो ये शायद, कंठ दूसरा गीत न गाए
इस कारण ही 'हंस-गीत' में, समझ गीत हर अपना गा लूँ
कंठ रुँध गया तो फूलों से हल्की चुभन नहीं माँगूँगा

है सामान करोड़ों युग का, पल की कोई ख़बर नहीं है
महलों पर ही आँख जमीं है, चिता कबर पर नज़र नहीं है
एक मुसाफिर खाने में सब सोच रहे हैं लम्बी लम्बी
किसी बशर की इस दुनिया में, वैसे लम्बी उमर नहीं है
सोच रहे सब इस दुनिया में जीवन 'कुछ' का 'कुछ' हो जाए
यह तन मिट्टी हो जाएगा, त्रिभुवन भवन नहीं माँगूँगा

लूट मची पैसे पैसे की, छीना-झपटी लूट-खसोटी
भूखे के मुँह से भूखा ही, छीन रहा है बासी रोटी
जितनी जो कर पाया चोरी, उतनी भारी हुई तिजोरी
जिस पर मानव परखा जाता, 'पैसा' ही है एक कसौटी
इस कारण ही मैं औरों सा, जोड़ रहा हूँ कौड़ी कौड़ी
मर जाने पर सोना, चांदी, हीरे रतन नहीं माँगूँगा

बुरा भला जैसा भी हूँ मैं, दो दिन की मेरी हस्ती है
मैं राजा हूँ भाव-लोक का, फाका मस्ती की बस्ती है
महल अटारी सिंहासन की, राज ताज या ठाठ बाट की
सबकी कीमत इस मस्ती से, नज़रों में मेरी सस्ती है
गीत प्यार के बोल प्यार के, सुनने का इच्छुक जीते जी
मर जाने पर संवेदन के मीठे वचन नहीं माँगूँगा

जब तक जीवित हूँ जग वालों, मांग रहा हूँ शाल दुशाले
मर जाने पर सच कहता हूँ, तुमसे कफ़न नहीं माँगूँगा

16. न पूछो कल हम किधर जायेंगे

न पूछो कल हम किधर जायेंगे,
कल जिधर से चले थे, उधर जायेंगे
मिलने आये थे लख़्त-ए-जिगर से मगर
सौंप दुख़्तर को लख़्त-ए-जिगर जायेंगे
न पूछो..............

हम हैं राही, कहीं ठहर पाते नहीं
कैसे सोचें कहीं पर ठहर जायेंगे
इस चमन में अगर आशियाँ कर लिया
तो तिनके वहां के बिखर जायेंगे
न पूछो.....

मुस्कुरा के विदा दो, लगें राह से
जो लाया खुदा फिर से फिर आएँगे
उम्र के आखरी दौर में ऐ मेरे हम सफर
तेरे दामन को खुशिओं से भर जायेंगे
बात कोई न कोई तो याद आएगी
जब जहाँ से 'उजागर' गुजर जायेंगे
न पूछो..........

17. हमें क्या मिला नहीं

तुमसे, तुम्हारे प्यार से, कुछ भी गिला नहीं
दो पल को मिल गए, तो हमें क्या मिला नहीं
आमद से तेरी, जान-ए-चमन ये बहार है
आने से पहले तेरे, कोई गुल खिला नहीं
कभी याद भी करोगे, भला ये सवाल क्या?
जिसे दिल भुला दे, ऐसा तो ये सिलसिला नहीं
सेहरा में गर्द कहती है उड़-उड़ के बारहा
गया जो गुजर, वापिस आया वो काफ़िला नहीं
हाफिज खुदा मिलेंगे, फिर अगर लाया ख़ुदा
उसकी रज़ा बिना 'उजागर', तो कोई भी मिला नहीं

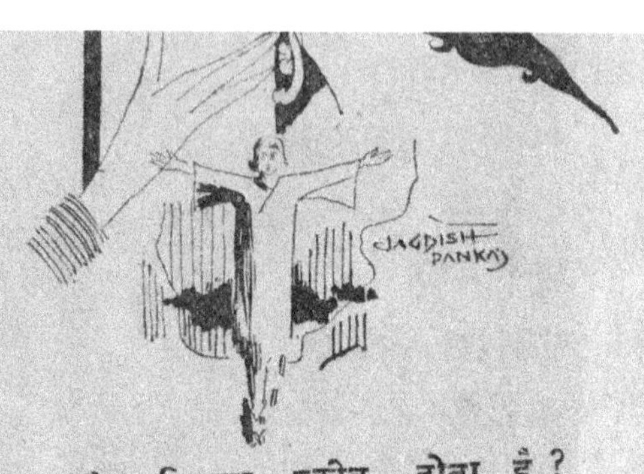

कौन किसका रकीब होता है ?
कौन किसका हबीब होता है ?
बैसे बन जाते हैं ताल्लुक सबसे,
जैसा जिसका नसीब होता है।

दर्दें राज से नहीं वाकिफ
बयाने अन्दाज से नहीं वाकिफ,
हाय अल्लाह, हुस्न तो इश्क के
रस्मो रिवाज से नहीं वाकिफ।

चूनर तो कांटों से थमा करती है
प्यार में धूनी रमा करती है,
सत्संग किसी पुण्य की सभा होगी
महफिल तो गुनाहों से जमा करती है।

अश्रु भरा हर नयन बिकता है
फूल बिकता है चमन बिकता है,
मैंने देखा है हाथ चांदी के
लाश का कफन बिकता है।

तुमसे हो बात कहां मयस्सर है ?
और मुलाकात कहां मयस्सर है ?
इत्तिफाक है— पूनम है, तुम हो—
वरना ये रात कहां मयस्सर है ?

'उजागर'

18. महसूस

महसूस हो रही थी कुछ, अब कुछ थकन सी
हर दिन सुबह सवेरे एक लीक,
इक डगर पर बोझिल से पाँव धरते
और तेज़ दौड़ चलते
अब राह मुड़ गई तो,
मुड़ने को मन नहीं है

यूँ लग रहा है, अपनी आजाद उड़ानों को कर याद
पिन्जरे में बैठा उदास पंछी, जब कैद में पड़ा था तो फड़फड़ा रहा था
अब द्वार खुल गए,
तो उड़ने को मन नहीं है

19. प्यार कर के

प्यार करके भुला दिया तुमने
मुझे हँसके, रुला दिया तुमने
सरूर-ए-ग़म जाता नहीं पल को
जाम ऐसा पिला दिया तुमने
ग़म की आंधी में, राख बनके उड़ा
इतना दिल को जला दिया तुमने
प्यार करके भुला दिया तुमने
मुझे हँसके, रुला दिया तुमने

एक मुद्दत के बाद आँख लगी
ख्वाब में आ, जगा दिया तुमने
गूँज जिसकी रुलाती है
मुझे गीत ऐसा सुना दिया तुमने
प्यार करके भुला दिया तुमने
मुझे हँसके, रुला दिया तुमने

वास्ता नहीं था तुमसे मेरा
हाथ क्यों फिर थमा दिया तुमने
गैरों से सुना रकीबों में
नाम मेरा बता दिया तुमने
प्यार करके भुला दिया तुमने
मुझे हँसके, रुला दिया तुमने

20. कट जाये राह

कट जाये राह, राह में जो हमसफ़र मिले
गुज़रेगी खूब हमसा ही कोई अगर मिले

पीने की बात से ही शुरूआत-ए-बात हो
बहकी नशे में डूबी हुई, जब नज़र मिले
'तारीफ आपकी है क्या', कहें क्या मयकशी
पी लेंगे थोड़ी और अगर मय इधर मिले
प्याला उठा के फर्श से आदाब अर्ज हो
और डगमगाते पाँव से बढ़कर जिगर मिलें
पीने के मामले में दोनों हम-ख्याल हों
शायद पिलाने पीने को, न फिर उमर मिले
अपना भी क्या है दोस्त, मंजिल भी और क्या?
चल दें उधर ही, मीना ओ साकी जिधर मिले
खो जाएँ दोनों, दोनों ही आलम को भूल कर
पहुंचे वहां जहाँ से न अपनी खबर मिले
दोनों की दास्ताँ में, 'उजागर' न फ़र्क़ हो
कहानी एक दूसरे की इस कदर मिले

कट जाये राह, राह में जो हमसफ़र मिले
गुज़रेगी खूब हमसा ही कोई अगर मिले

21. अश्क़ मेरे जो

अश्क़ मेरे जो थम गये होते,
कहाँ धुलने को ग़म गये होते
हमीं थे जो उलझ गये वरना
कहाँ जुल्फों के ख़म गये होते
हम ने हाथ बढ़के थाम लिया
वरना गिर तुम सनम गये होते
हमीं ने जुल्म सह लिए हंसकर
कहाँ रहने को, ये सितम गये होते
तुम्हारी याद 'उजागर' को ले गई वैसे
ऐसे हम क्यों हरम गये होते

22. दीवाने समझेंगे

दीवाने की बातें हैं, दीवाने समझेंगे
अफ़साने जो हो गये, अफ़साने समझेंगे
साथ निभाने को बेशक ही, शमा सहर तक जलती है
परवाने का दर्द मगर, परवाने समझेंगे
तलब सुबु की, मयखारों को मयख़ाने तक लाती है
पैमानों की प्यास मगर, पैमाने समझेंगे,

दीवाने की बातें हैं, दीवाने समझेंगे

मिलता दिल से दिल अपना
तो दिल से दिल की बातें करते
बेगाने की पीर मगर, बेगाने समझेंगे
हों कितने मशहूर जहाँ में,
नगमे मेरे लाख 'उजागर'
अनजाने के शेर मगर, अनजाने समझेंगे
दीवाने की बातें हैं, दीवाने समझेंगे

वीरानों की ख़ामोशी को, वीराने समझेंगे

उम्र छोटी सी थी गुजार चले
                रोते आए थे अइक बार चले ।

हसरतें दिल में लाख वाकी हैं
                ख्वाब आंखों में ले हजार चले ।

आजारे इश्क से जां नहीं छूटी
                एक मुद्दत हुई बीमार चले ।

जैसी गुजरी गुजार दी हमने
                काट कर दिन यहां दो चार चले ।

गर्दिशे दहर में हम जिए ऐसे
                साथ प्रश्न लिए मजार चले ।

कशमकश की, कि मौत से जीतें
                कौन जीता है, हम भी हार चले ।

जाने को जी अभी नहीं करता
                छोड़ कर बाग पुर-बहार चले ।

हम से बुतखाने में न बुत बोले
                हम सभी को यहाँ पुकार चले ।

जिन्दगी में चला न साथ कोई
                पीछे पर लोग बेशुमार चले ।

थी 'उजागर' में खूबियां कितनी
                याद करते जगाने यार चले ।

—त्रिलोक उजागर'

23. बड़ी बात है

प्रीत के गाँव में, रूप की छाँव में
एक दिन ठहर जाना बड़ी बात है
एक दिन ठौर पाना बड़ी बात है

इस सुबह शाम में, रात दिन राह में
चल रहा साँस का, उम्र का काफ़िला
हर कदम आ रही, पास मंजिल यहाँ
कर रहा दूर है, हर कदम फासला
इन ग़मों से भरी ज़िन्दगी में यहाँ
एक दिन मुस्कराना बड़ी बात है
एक दिन प्यार पाना बड़ी बात है

कौन जाने कहाँ आए पतझड़ भी
और जाने कहाँ सूख जाए चमन
कौन जाने कहाँ नींद आने लगे
ज़िन्दगी ओढ़ ले मौत का कब कफ़न,
पूर्व इससे कि पलकें ही मुँदने लगे
आँख छवि से मिलाना बड़ी बात है
स्वप्न को देख पाना बड़ी बात है

मुस्कराहट जो है एक क्षण को यहाँ
राख में आग है एक दबती हुई
फूट आएगा आँसू अभी देखना

जिन्दगी रेत है ऐसी तपती हुई
पाँव जलते रहे, फिर भी चलते रहे
इसलिए गीत गाना बड़ी बात है
दर्द दिल में जगाना बड़ी बात है

सत्य है एक कड़वा बहुत ही ज़हर
स्वप्न जिसको सदा पी टहलता रहे
इसलिए पीर में प्यार में दर्द में
गीत से दिल जरा तो बहलता रहे
गीत पूरा नहीं हो सका है कभी
ले कड़ी गुनगुनाना बड़ी बात है
अश्रु ऐसे छुपाना बड़ी बात है

चाँदनी चार दिन की है माना मगर
चार दिन के लिए मेरी मेहमान है
फिर अकेले ही चलना पड़ेगा मुझे
ये मुझे ज्ञान है बात का ध्यान है
पर अँधेरी निशा में चमक के लिए
आँख में तो बसाना बड़ी बात है
रूप से दिल लगाना बड़ी बात है

बह रही धार मंझधार में जो यहाँ
बह रही है निकट का किनारा लिए
ये कदम लड़खड़ाने लगे जिस घड़ी
होता चलना कठिन बे-सहारा लिए
इसलिए जब कभी कोई गिरने लगे
हाथ आगे बढ़ाना बड़ी बात है
झुक के उसको उठाना बड़ी बात है

'कह कहा' उठ रहा जो अभी पास में
ये तो बनकर रुदन सच पिघल जाएगा
दौर जिस जाम का चल रहा है यहाँ
धूल बनकर एक ढेले में ढल जाएगा
एक दिन पर इसे मान करके अमर
सत्य को भूल जाना बड़ी बात है
'औ खुशी को मनाना बड़ी बात है।

स्वदेश में फूल मुझे जो मिले
स्वर्ग में कौन जाने मिले न मिले
वन में नंदन के वहाँ इस तरह
शूल की नोक पर हँस खिले न खिले
इसलिए देश के फूल को, धूल को
बढ़के माथे लगाना बड़ी बात है
फूल सिर पे चढ़ाना बड़ी बात है।

कहीं इस अंधेरे के पीछे अरे!
रो रही रश्मि है आज सिर को पटक
देश के नौनिहालों तुम अनजान हो
राह में, युद्ध में, तुम न जाना भटक
इसलिए मौत कितनी अँधेरी गुफा
यह तो उनको बताना बड़ी बात है
इक रस्ता दिखाना बड़ी बात है

कौन जाने वहाँ दर्द हो भी नहीं
और दुखिया न कोई भी इन्सान हो
न होवे ग़रीबी वहाँ पर अरे!
ढेर सोने पे बैठा वो भगवान हो
इसलिए एक इन्सान की आँख से

पोंछ आँसू को जाना बड़ी बात है
और धीरज बंधाना बड़ी बात है।

होवे जब कुछ घुटन, दर्द की हो चुभन
मौत जब द्वार को खटखटाने लगे
आँख मिचने लगे, साँस घुटने लगे
दूर काली सी छाया बुलाने लगे
उस समय एक अन्तिम मधुर गीत गा
प्यार से झूम जाना बड़ी बात है
होश को सच बुलाना बड़ी बात है।

24. कल प्राण मिले जब प्राणों से

कल प्राण मिले जब प्राणों से
तो सिहर उठी विद्युत् कम्पन
कुछ तीव्र हुई दिल की धड़कन
सुख कितना था उस क्षण भर का
कैसे कह दूँ अनुमानों से
कल प्राण मिले जब प्राणों से

युग युग से प्यासा था जीवन
झूठे संयम में था यौवन
दो प्राण मिले कल एक हुए
अरमान मिले अरमानों से
कल प्राण मिले जब प्राणों से

तुम में कितनी शीतलता है
तुम में कितनी कोमलता है
वाणी कैसे इसको कह दे
पूछो मेरे इन प्राणों से
कल प्राण मिले जब प्राणो से

इक आग जली, इक आग बुझी
इक प्यास जगी, इक प्यास बुझी,
प्यास अमर है, बुझी नहीं
मधुपों की क्यों मधुपानों से,
कल प्राण मिले जब प्राणों से

न पूछो कि कल हम किधर जाएँगे
कल जिधर से चले थे उधर जाएँगे
मिलने आये थे लेकर जिगर से मगर
सौंप दस्तर को लेकर जिगर जाएँगे
घर आते के घर आते सारे माना अतुल
रस्ते छोड़कर अपने घर जाएँगे
हम हैं सही कभी ठहर पाते नहीं
कैसे सोचें कहीं पर ठहर जाएँगे ?
इस चमन में अगर आशियाँ कर लिया
तो जिनके वहाँ के निखर जाएँगे
समन्दर के ऊपर हवा में सफ़र
करके आए भी कर साफ जाएँगे
मुस्कराके निदा को लगे रह से
जो लाया रूखा कि के फिर आएँगे
उगते आरसी घर में हमारा कर
रूखियों के घर जाएँगे
... नहीं तो मार जाएँगा
जब जहाँ से उजाला जला जाएँगे

25. ऐतबार

नज़र ने झूठे नजारों पे ऐतबार किया
चमन से जाती बहारों पे ऐतबार किया
किसी का साथ जमाने में कौन देता है
थे बेसहारे सहारों पे ऐतबार किया
नसीब हाथ में अपने न था, तो गर्दिश में क्यों
नामुराद सितारों पे ऐतबार किया
बाखुदा ये ही ख़ता नाख़ुदा हुई तुझ से
कि तूने गिरते किनारों पे ऐतबार किया
किसी का कौन भरोसा यकीन करता है?
हैं एक हम ही कि सारों पे ऐतबार किया
दुश्मन-ए-जान 'उजागर' रकीब ये सारे
प्यारे जिन दोस्त व यारों पे ऐतबार किया

26. मांग रही सिन्दूर चाँदनी

मेहँदी आज लगा हाथों में
सज सोलह सिंगार सजाए
गूंथे मोती माणिक चम-चम
तारों को गलहार बनाये
आज लाज लेकर पलकों में,
कलियाँ और सजा अलकों में
माँग लिये सूनी चंदा से,
माँग रही सिन्दूर चाँदनी
भूल गयी है मान मानिनी

झाँक रही शरमा घूंघट से
रजनी आई है पूनम की
पर पलकों की पंखुरियों पर
दो बूंदे कैसी शबनम की
घर आये मेहमान अजाने,
पल भर में जाने पहचाने
बन बैठे यह लिए उमंगें,
कैसे आई मिलन यामिनी,
माँग रही सिन्दूर चाँदनी

चौक पुराये दीप जलाये,
शत शत बंदनवार सजाये
ढोलक ढफली, खनकी चूड़ी,
पग पायल रुनझुन भर लाए

इयोढ़ी चहकी, महका आँगन,
भीड़ लिए झूमा हर कण कण
शहनाई गूंजी इस द्वारे,
ढूँढ़ रही है राग रागिनी,
माँग रही सिन्दूर चाँदनी

आज बसंत नया आया है,
बस जाने को फुलवारी में
फूँक गया आ प्यास कंठ में,
यौवन उम्र कुंवारी में
अम्बर भी है झुका झुका सा,
सागर भी है रुका रुका सा
सिमट गयी धड़कन में धड़कन,
एक हो रहे कंत कामिनी,
माँग रही सिन्दूर चाँदनी

मन की सेज सुला प्रियतम को
बंद करीं यह नयन किवड़ियाँ
कंगन बाँधा इन हाथों में,
या पहना डाली दो कड़ियाँ
मिले क्षितिज पर धरा गगन भी
मिले स्वपन ले नयन नयन भी
झुकी झुकी तरुवर की डाली,
झूम रही है लता लासिनी,
माँग रही सिन्दूर चाँदनी

27. कभी अन्जुमन में

कभी अन्जुमन में तलाश की
कभी सूए-दैर-ओ-हरम गए
वो मकाम कौन सा है जहाँ
तेरी जुस्तजु में न हम गए
कोई इन्कलाब-ए-ज़माना भी
न मिजाज़-ए-हुस्न बदल सका
न हसीं जबीं से शिकन गई
न सियाह ज़ुल्फ़ों के ख़म गए
न तो पासवान हरम गए
न मुहाफ़िज़ाने सनम गए
दर-ओ-दैर भी पस-ए-इन्तिहा
तेरे एक इशारे पे हम गए
ये तमाम अन्जुमन मेहरबाँ
बस मुकाम खाक तक हम गए
जहाँ खुद खुदा भी न जा सके,
वहाँ आदमी के कदम गए

28. कल जब लेकिन नहीं रहूँगा

कर लें आज उपेक्षा मेरी
घरवाले और बाहर वाले
कल जब लेकिन नहीं रहूँगा, मुझको सारे याद करेंगे

जन्म लिया तो दुख देने को
निर्धनता ने की अगवाही
होश सँभाला तो साँसों के
रोग हज़ारों थे हमराही
दिन भर चिन्ता रही पेट की
और रात को कल क्या होगा
हँसने की तो दूर बात थी
रोने तक की हुई मनाही
सूख गए जो ग़म के मारे,
बिना बहे ही अश्रु सारे
औरों को आँखों से बहकर, कल बेचारे याद करेंगे

उमर-कैद मिली दुनिया में
जहाँ अन्धेरा इतना गहरा
तन पर भी औरों का बन्धन
मन पर भी औरों का पहरा
अपने से ही लड़ते लड़ते
हिम्मत टूटी, हार गया तो
इतना जाना इस मेले में

आना एक तमाशा ठहरा
चल दूंगा चुपचाप किसी दिन
इस मेले से छूट कैद से
सजा काट निर्दोष गया, कह कर रखवारे याद करेंगे

थोडा सा जीवन लाया था
ऐसे जिया जिया न कोई
ऐसे ज़हर पी गया हँस कर
जैसे ज़हर पीया न कोई
उंगली मुझ पर उठी हज़ारों
और दिया इल्ज़ाम सभी ने
पाप हुऐ अनजाने कितने
जाने पाप किया न कोई
तन की उजली चादर पे
कुछ धब्बे से हैं, दाग नहीं हैं
मैली इसे बतलाने वाले, साँझ सवेरे याद करेंगे

प्यार खोजने मैं आया था
मिला न अपने-बेगानों में
चहल पहल में लगा नहीं मन,
पाँव ले गए वीरानों में
राह गलत चुन ली थी मैंने
लिखा यही था या किस्मत में
प्यास लिए होठों पर भटका
इधर उधर रेगिस्तानों में
धूल लिए अपनी मुट्ठी में
गुजर यहाँ से भी जाऊँगा
छोड़ चलूँगा पीछे जिनको, गली गलियारे याद करेंगे

29. राजदार करें

भला जमाने में हम किस पे ऐतबार करें?
हसीन कौन वो बुत है जिसे की प्यार करें?
जहाँ में जान के दुश्मन हज़ार हैं अपने
करें तो किससे कहो खुद को होशियार करें?
सभी जो मिलते हैं कहते हैं हम तुम्हारे हैं
है एक जान-ओ जिगर किसपे दिल निसार करें?
जवानी हुस्न-ओ अदा पास है हसीनों के
सलाम झुक के मगर किसको बार-बार करें?
लिखा है जो भी 'उजागर' ने है किसी के लिए
ये राज, इसमें भला किसको राजदार करें?

30. अगर किस्मत

अगर किस्मत बदल जाती महज़ आँसू बहाने से
तो ये दुःख दर्द, ग़म सारे ही मिट जाते ज़माने से
जो हर उम्मीद बर आती, जो पूरी आरजू होती
तो चर्चे इश्क के, दिल के सभी लगते फसाने से
अगर दिल दिल से मिल जाते, मुरादें होती गर पूरी
अधूरी ले तमन्नाएँ भटकते क्यों दीवाने से
बहारें लौट फिर आती अगर रोने से कलियों के
नहीं रहते ख़िजा में फिर चमन उजड़े वीराने से
मिलीं नाकामियाँ इतनी परेशाँ से रहे हर दम
खरीदी जाती गर खुशियाँ तो ले आते ख़ज़ाने से
अगर हमदर्द होते तो 'उजागर' भी सुना देते गज़ल
गैरों की महफिल में मिलेगा क्या भला सुनाने से?

31. ग़म के अंगार

ग़म के अंगार लाखों दामन में हर किसी के
होते नसीब किसको लम्हे यहाँ खुशी के
दीवानगी थी कैसी ढूंढी वफा बुतों में
भटके कहाँ कहाँ पर दीवाने दिल्लगी के
अब तो उठा ले हमको अय दो जहान वाले
देखे हैं रंग क्या क्या मायूस जिन्दगी के
अब दो घड़ी भी जीना दुश्वार हो गया है
आते हैं ख्याल दिल में रह रह के खुदकुशी के
लब पे आता कैसे तेरा नाम अय खुदाया
क्या याद करते तुझको बेदार बेखुदी के
दिल भर गया 'उजागर' जीने की क्या तमन्ना
अब तो उठे जनाज़ा पीछे से सादगी के

32. साकी कहाँ पे उठके

साकी कहाँ पे उठके, तेरे दर से जाऐंगे
जो चल दिए, तो लौट के फिर से न आएंगे
महफ़िल में आज हम है, तेरी और तल्खियाँ
होंगे न हम, बहुत ही तुझे याद आऐंगे
भर आऐंगी आँख मेरे जाने की सुन ख़बर
रो करके चार यार तुझे भी रुलाऐंगे
ये बादाख़्वार सारे मेरे यार हमनशीं
इक रोज़ याद में न पियेंगे पिलाएंगे
बन मयकदा ये जाएगा उस रोज़ ग़मकदा
जिस दिन कि यार मिल मेरा मातम मनाएंगे
आएगी याद तुमको 'उजागर' की उस घड़ी
एहबाब जब गज़ल कोई पुरदर्द गाएंगे

33. अन्तिम अभिलाषा

जीवन-पथ पर साथ चली हो, सुख-दुःख में तुम साथ रही हो
मृत्यु के पथ पर भी मुझसे, क्षण-भर प्रिये! अलग मत होना

झीने घूँघट की चिलमन से, दुल्हन बन पहले मुस्काना
मेहमान अजाने के हाथों में, अपना कोमल हाथ थमाना
इतना ही सा वह सपना था, जिसने अपना तुम्हें बनाया
भाँवर के पड़ते पड़ते ही, परिचय युग-युग हुआ पुराना
दुख में सुख में साथ निभाने, का तुमने इकरार किया है।
सप्तपदी के वचन मंत्र थे, नहीं सिर्फ था जादू टोना
क्षण भर प्रिये! अलग मत होना

तब से लेकर अब तक हमको, एक निशा ने साथ सुलाया
एक स्वप्न सुन्दर नयनों को, सुखद नींद ने रात दिखाया
रहा तैरता चाँद गगन में, डूब गए जब नभ में तारे
सुबह भोर की प्रथम किरण ने, उषा अरुण ने हमें जगाया
जीवन की हर निशा उषा में, साथ शयन है साथ जागरण
चिर निद्रा की शैय्या पर तुम, कहीं न मुझसे पहले सोना
क्षण भर प्रिये! अलग मत होना

वेदों के थे मंत्र जिन्होंने, बाँधी हममें तुममें डोरी
बाँध गई फिर प्राण-प्राण से, कमल-नाल सी प्रीत निगोड़ी
कथा हृदय की बात प्रणय की, भावों की यह अथक कहानी
कभी न पूरी हो पाएगी, कल्पों की आयु है थोड़ी

जो अनकही बात रह जाए, जन्म दूसरे में कहने को
जन्म-मरण के बीच समय को, कहीं व्यर्थ न पल भर खोना
क्षण-भर प्रिये! अलग मत होना

अन्तिम अभिलाषा साँसों की, चटक साथ डोरी यह जाए
एक साथ ही, एक समय पर आकर मौत हमें सुलाये
एक चिता की, एक धधक से, एक लपट से जले ये माटी
एक हवा का झोंका आकर, ढेरी को ऐसे बिखराए
दोहराए यह बात हमारी, लौटें जन परिजन यह कहते
दोनों बड़-भागी थे जिनको, पड़ा न पीछे रोना-धोना
क्षण-भर प्रिये! अलग मत होना

गजल

बात करते हैं मगर पहले सी अब बात नहीं
मिलने को मिलते, वो पर होती मुलाकात नहीं
था कभी वक्त हमारा जो हमारा न रहा
कहने को अपने है पर अपने है दिनरात नहीं
करने को करते हैं इजहारे मोहब्बत लेकिन
अब तो वो जोश वो एहसास वो जज्बात नहीं
क्या हुआ कैसे बदल से से क्यों हालात गए
सोचने से वे सुलझते हैं सवालात नहीं

34. पलभर को भी

पलभर को भी नींद न आई तमाम रात
करवट बदल बदल के बिताई तमाम रात
किस्मत बदल गई तो बदल बात हर गई
अश्कों ने आग दिल में लगाई तमाम रात
मेरी बेकसी पे चाँद मुस्करा दिया
तारों ने हंसी मेरी उड़ाई तमाम रात
जिसने कसक को दिल की सौ गुना किया
दी बाँसुरी तो दूर सुनाई तमाम रात
तुमने किया था वादा, उजागर न आ सके
आने को याद पास में आई तमाम रात

35. सरल और कठिन

किसी को ज़िन्दगी में प्यार कर लेना सरल है,
कठिन तो है उसे अपना बनाना ज़िन्दगी में
सरल है ज़िन्दगी में साथ देने का वचन देना,
कठिन तो है मगर सचमुच निभाना ज़िन्दगी में

लहर आगे बढ़ी उसने लिया झट चूम पत्थर को;
गले में डाल दी बाँहें पकड़ कर हाथ में कर को,
'चलोगे साथ क्या मेरे?' कहा पाषाण ने हिल 'हाँ'
लुढ़क, पर देखता ही रह गया, पत्थर लहर को,

कदम जीवन-डगर पर साथ धर देना सरल है
कठिन तो है कदम से डग मिलाना ज़िन्दगी में

सुगन्धि सो रही थी बाग में कलिका के आँचल में,
हवा के एक झोंके ने जगा दी प्रीत चंचल में;
स्वयं फिर धूल को ले साथ में वह उड़ चला झोंका,
सिसकती रह गई खुशबू तड़प कर मन विकल में,

किसी को प्यार का मीठा दर्द देना सरल है,
कठिन कोई दवा उसकी बताना ज़िन्दगी में

सदा से प्यार की इंसान के उर में जली ज्वाला,
सदा पीता गया इंसान अधरों की मधुर हाला,

हुआ इंसान दुनिया में तभी से देखता आया,
सदा रिसता रहा है इस हृदय पर एक छाला

सरल है मौन होकर टीस को सहना निरन्तर,
कठिन पर है जख्म जग को दिखाना ज़िन्दगी में

विमोहित देखकर जिसको गगन में चन्द्र मुस्काया,
समझता जो युगों से प्राण पंछी चाँद को आया,
चला वह खोजने तृप्ति दहकते तप्त शोले में,
परख को प्यार की, अंगार नभ ने जब गिराया,

समझ वरदान अंगारे चबाना तो सरल है
कठिन पर प्यास अग्नि से बुझाना ज़िन्दगी में

रही रोती सजीली याद कर रजनी सवेरे को
सदा तस्वीर करती याद है अपने चितेरे को
हटाने से नहीं हटता किसी से ध्यान जीवन में
नयन में रूप रहता है सदा ही डाल डेरे को

किसी छवि को हमेशा याद करना तो सरल है
कठिन तो है निठुर को भूल जाना ज़िन्दगी में

36. रास न आई

रास न आई जिसे जिन्दगी, मौत उसे फिर क्या आएगी?
इस दुनिया ने बात न पूछी, वो दुनिया भी ठुकराएगी
ये दुनिया हैं रंग बिरंगी पर मुझको लगती दोरंगी
ये दोरंगी दुनिया मुझको और कहाँ तक बहलाएगी?
कहने को सब ही अपने हैं, पर हैं सब के सब बेगाने
अपने कहने भर के अपने, क्या उनसे अब बन पाएगी
प्यार कोई करता इस दिल को, ऐसी तो तकदीर नहीं थी
अब तक चाह न पाया कोई, किसकी चाह मुझे चाहेगी
सब कहते हैं मुझको पागल, जान गया मैं दुनिया पागल
दुनिया मेरी क्या समझेगी और मुझे क्या समझाएगी
आज 'उजागर' ने समझा है, कोई उसको समझ न पाया
मर जाने पर दुनिया सारी गीत उसी के दोहराएगी

नेता

पर को उपदेश
अपर को आदर्श
सभा को भाषण

स्वयं
भ
ू
आचार
ह
न
विचार
सोचा
एक्सपोज़ करे
पर नेता पहले से ही
वि वस्त्र था

लिखे कई गीत
कविता
तुक्तक
मुक्तक
छपे नहीं
क्या हुआ ?
पहले कवि था
अब अकवि हो गया

मेरी कलम
बोली की चपल
बच्चे की वस्ती
घर में कहीं खो गया है
चीजें छोटी हैं
घर बड़ा है
दुनिया बड़ी है
और रहने जाना
स्वाभाविक

37. हमें ग़म कबूल सारे

हमें ग़म कबूल सारे, तुम्हें हर खुशी मुबारिक
हमें मौत का सहारा, तुम्हें जिन्दगी मुबारिक
उम्मीद जो वफा की बुतों से की, तो क्या की?
किसी संग-दिल को सजदे ये बन्दगी मुबारिक
तुमने जो दिल्लगी की, हम इश्क मान बैठे
तुम्हें दिल्लगी, हमें ये दिल की लगी मुबारिक
ऐ गुल हमारा क्या है, रोकर के बोली शबनम
हमें अश्क मिल गए हैं तुमको हँसी मुबारिक
महफिल से दो इजाजत रुख्सत हो अब 'उजागर
किया इश्क है तो उसको ग़मे-आशिकी मुबारिक

38. अब देखते हैं यूँ

अब देखते हैं यूँ वो ज्यों जानते नहीं
बने अजनबी वो अब तो पहचानते नहीं
सब कुछ कभी थे हम ही उनके लिए जहाँ में
अपना मगर हमें वो अब मानते नहीं
मालूम होता जो ये इतने वो बेवफा हैं
देने की दिल उन्हें ही हम ठानते नहीं
जो जानते मिलाकर वो धूल में हसेंगे
हम ख़ाक उनके दर की यूँ छानते नहीं

39. रोना है तो रो

रोना है तो रो, आँसू न बहें, कहीं गीली नज़र न हो जाए
तेरे दिल का शीशा टूट गया, दुनिया को खबर न हो जाए
रंगत न बदल जाए तेरी, महफ़िल में अगर ले नाम कोई
तुझे उनसे मोहब्बत बेहद है, गैरों में ज़िक्र न हो जाए
अब क्या कहने को बाकी है कर बन्द जुबां, सी होठों को
जो राज़ छुपाना है जाहिर चेहरे से मगर बयां न हो जाए
हमराह हुए न वो तेरे, हमराह तेरे ये राह तो है
यादों को याद न कर इतना, दुश्वार सफर न हो जाए
जितने गिन साथ तू लाया है, वो साँस तो करने हैं पूरे
ग़म को मेहमान न बना अपना, बीमार उमर न हो जाए
तुझे इश्क़ का है आज़ार लगा और जाँ पे 'उजागर' आन बनी
तेरी नाज़ुक हालत को सुनकर, कहीं उनको फ़िक्र न हो जाए

40. ख्वाब में भी तो

ख्वाब में भी तो उनसे नज़र न मिली
एक मुद्दत से उनकी खबर न मिली
रात हर ढल ही गई, गिनते सितारों को मेरी
शब-ए-ग़म की पर कोई सहर न मिलीं
पाँव में छाले पड़े और रिसे, फूट गए
उनके दर की पर कोई डगर न मिली
नाव जो टूट गई छोड़ दिया हमने उसे
जो देती कहीं लगा, ऐसी लहर न मिली
दायरे ग़म में कि शायर के हसीना न बंधी
बाँध लाती उसे ऐसी बहर न मिली

41. आप दूर हो गए

हम आए जितने पास, आप दूर हो गए
सजदे में हम झुके तो मगरूर हो गए
थी बात अपनी और, दर पे आपके रुके
हम पे मेहरबान क्यों हुजूर हो गए
बचपन से आशिकाना तो अपना मिज़ाज था
हाथों में दिल के आप क्यों मजबूर हो गए
थे हम नशे में मय के, ये साकी से पूछ लो
कहिये कि, आप किस नशे में चूर हो गए
जो चाहा आपको है 'उजागर' की ये खता
करके कत्ल भी आप बेकसूर हो गए

42. मालूम होती है

हमें ये बोझ अपनी जिन्दगी मालूम होती है
सभी दुनिया, अन्धेरी कैद सी मालूम होती है
कफ़स में कैद बुलबुल सी, ये नन्हीं जान है अपनी
रिहाई की कोई सूरत नहीं मालूम होती है
बुलाए से नहीं, आयी नज़र में
मौत की हमसे रंजिश और कुछ बेरुखी मालूम होती है
न मरते बात बनती है न कोई लुत्फ़ जीने में
जिएँ या न जिएँ, उलझन यही मालूम होती है
ज़माना पैसे वालों का, नहीं है दिल के मारों का
नीयत हर खुद परस्ती से भरी मालूम होती है
कही दिल की लगी उनसे, मगर वो हँस दिए सुनकर
उन्हें दिल की लगी बस दिल्लगी मालूम होती है.
'नहीं काबिल हो दुनिया के' दी गर्दिश ने सलाह हमको
किसी में भी नहीं, खुद में कमी मालूम होती है
दिया धोखा 'उजागर' इक हसीना ने, हसीनों की
हमें अब दोस्ती भी दुश्मनी मालूम होती है

43. साँस साँस बेची है

भूख के तो हाथों में
जिंदगी नीलाम है
चेतना या साधना
सभी की सांस घुट रही
हर कोई गुलाम है
पेट मैं वह आग है
कभी नहीं जो बुझ सकी
कभी नहीं बुझेगी जो
साँस साँस बेची है, एक एक पैसे में
उलझनें मुसीबतें,
बिक गया है आदमी
बिक गयी है जिन्दगी
साँस साँस बेची है, एक एक पैसे में

कोई मजबूरी है
पेट के ही वास्ते
हैं हज़ार रास्ते
हर डगर चुभन लिये
हर कोई कफन लिये
जिन्दगी है कीमती, साँस हर अमोल है
एक साँस भी, हज़ार बार गर बुलाओगे
लौट कर ना आएगी
कीमती हर साँस है

लाख में, दो लाख में, करोड़ में, हजार में,
स्वर्ण के अम्बार में, राज, ताज हीरों से
चाँदी और सोने से, नहीं खरीद पाओगे
साँस साँस बेची है, एक एक पैसे में

कैसे व्यापारी हो?
बेचते वह चीज़ हो
खरीद चंद सिक्कों से, जो कभी न पाओगे
कौड़ियों के वास्ते, कौड़ियो का दाम ले
साँस साँस बेची है, एक एक पैसे में

साँस हर अमोल है,
जिन्दगी है कीमती
मत गंवाओ साँस को
मत लुटाओ जिन्दगी
कौड़ियों के दाम में
मत करो नीलाम खुद को
पैसा पैसा मत करो
साँस साँस हर गिनो
साँस ज्यादा कीमती है
साँस साँस बेची है, एक एक पैसे में

बेच दो यह जिंदगी
साँस हर नीलाम कर दो
चीज अपनी है तुम्हारी,
मैं करूँ तुमको मना?
तुम सुनोगे क्यों भला?
साँस साँस बेची है, एक एक पैसे में

साँस साँस बेचो न, एक एक पैसे में
साँस हर अनमोल हैं
बेचो न कौड़ी में
ज़िन्दगी संवार लो
साथ जाएगा न पैसा
साँस साँस बेचो न, एक एक पैसे में
साँस साँस बेची है, एक एक पैसे में

क्यों
गान
मुझे
भाते
हैं ?

अपने टूटे फूटे क्यों गान मुझे भाते हैं ?

जब जग सो जाता है

रजनी के आँचल में

रख जाती सीमायें

सोकर जग-स्वप्निल में

नव अस्फुट स्वर में उठ मधुगान मुझे भाते हैं

उल्का-माले! नभ की
मैं खोज रहा तुम भी
हे दूर सुधाकर भी
और दूर प्रियतम भी
दो आकृति हे तारो! वरदान मुझे आते है
उस पार खड़ा नभ के
अब कौन बुलाता है?
मिलने को आतुर मन
बाहें फैलाता है
धीमे धीमे स्वर में आह्वान मुझे आते है
अन्तस्तल में सुनकर
तूफान उमड आता
लहरों का रेला आ
संगीत सुना जाता
पल पल उठने वाले तूफान मुझे आते है!
अपने टूटे फूटे भी गान मुझे आते है?

44. बैठे हैं

तुम्हारे प्यार में हम दिल को हार बैठे हैं
है ऐसी बेखुदी खुद को बिसार बैठे हैं
तुम्हीं से प्यार है कैसे भला तुम्हीं से कहें
छुपाएँ कैसे कहो कर जो प्यार बैठे हैं
नीयत हमारी थी जो राज़ है वो राज़ रहे
तुम्हें जो ख़्वाब में देखा पुकार बैठे हैं
मिलेगा कुछ भी नहीं इन बहारों से
गुलाब खाए हुए हमसे खार बैठे हैं
किसी की शक्ल, न जलवे से वास्ता है हमें
जिगर में, अक्स तुम्हारा उतार बैठे हैं
तुम्हारे आने की उम्मीद अब नहीं बाकी
कहा था तुमने किए इन्तज़ार बैठे हैं
न गुजरो तुम तो 'उजागर' इधर से चाहे कभी
बिछाए हम तो नयन रह-गुज़ार बैठे है

45. क्या करूँ

कोई करे न प्यार तो इस दिल का क्या करूँ
अपना नहीं अगर कोई, महफिल का क्या करूँ
बढ़ता था हर कदम तो उम्मीद-ए-विसाल में
जब तुम ही न मिले, तो मैं मंजिल का क्या करूँ
लहरों ने है झुलाया मुझे अपनी बाँह में
डूबा सफीना जिसपे, कि साहिल का क्या करूँ
अपनी तमन्ना थी कि मरे उनके हाथ से
जिसने न जान ली, मेरी कातिल का क्या करूँ
ये तीरे नीमकश है 'उजागर' कहे तो क्या
बस इतना पूछना, दिल-ए-बिस्मिल का क्या करूँ

46. दाद देता हूँ

शिद्दत-ए-मोहब्बत की दाद देता हूँ
हर काम में मेहनत की दाद देता हूँ
जिन्दगी के लिए मौत को चुनौती दी
ऐसी हिम्मत को दाद देता हूँ
बैठे बिठाए ही रोग पाल लिया
ली मुसीबत की दाद देता हूँ
बिना इसके न तुम जी जो सके
मोल ली आफत की दाद देता हूँ
'उजागर' तो हर काम में पीछे था
तुम्हारी मैं आदत की दाद देता हूँ

47. बातें

नहीं बेहोश हूँ साकी, अभी तो होश है बाकी
मैं मदहोशी में भी तुमसे करूँगा प्यार की बातें
जुनूँ में तो गलत वायदे, न बादाख़ार करता है
खुमारी में सही होती हैं सब मयखार की बातें
छुआ तेरे लबों से सुर्खरू अंगूरी और कर लूँ
तेरी मख्मूर आँखों से छलकते जाम दो भर लूँ
करूँगा चूम गुल गुलनार से रुख्सार की बातें
जमीं से दूर ले जा, अर्श पर तुमको बिठाऊँगा
खुदी को बाखुदा मैं, बेखुदी में खुद मिलाऊँगा
ख़ुदा के नूर से होंगी तेरे दीदार की बातें
मज़ा ये है न मौज़े-मय में बहका हूँ, न बहकूँगा
मैं पीकर आब-ए-कौसर को अभी केसर सा महकूँगा
करूँगा बाग-ए-जन्नत से, तेरे गुलज़ार की बातें
मैं ठोकर मार गर्दिश में सितारों को घुमाऊँगा
जमालों को नशे में माहपारों को झुमऊँगा
छिडेंगी फिर हंसी हूरों से हुस्न-ए-यार की बातें
शफ़क को शराब कर दूगां बना मेहताब पैमाना
फरिश्ते रिंद कर दूगां बना फिरदौस मयखाना
बने लज्जिश सरुरी की फिज़ाँ सरशार की बातें

48. न रही

बिना तुम्हारे बहारों में दिलकशी न रही
गए हो जब से मेरी कोई जिन्दगी न रही
धुआं उगल के अंधेरे बढ़ा दिए इसने
मेरे लिए तो शमा में भी रोशनी न रही
जलाया रात में इस चाँद ने भी हँसके मुझे
ज़रा भी सर्द ये पहले सी चाँदनी न रही
तुम्हारा देख तबस्सुम जो मुस्कराता था
उसी गुलाब के होठों पे अब हँसी न रही
गुज़रती उम्र सिर्फ याद के सहारे नहीं
चले भी आओ तड़पने में कुछ कमी न रही
मिला जो कोई भी उसने सवाल ये ही किया
कहो क्या बात है? चेहरे पे ताज़गी न रही।
मिलोगे तो भी 'उजागर' को तुम न जानोगे
कहोगे इससे कभी कोई दिल्लगी न रही।

49. कौन जाने

कौन जाने आज कितनी लकड़ियाँ ये
आ गई शमशान में, ठेले पे लद के
मौत जैसे आ पहुँचती, बिन बुलाए
बिन बताए ही जकड़ लेती भुजा में
लकड़ियों को चिन दिया चट्टान जैसे
दब गया इनके तले इन्सान जैसे

कौन जाने कौन सी लकड़ी जलेगी
कौन जाने किसके लाल को ढेरी करेगी
राख बिखरेगी कहेगी 'लाल होगा लाल'...अब तो जल गया है, और
कुछ बाकी नहीं है

कौन जाने कौन सी लकड़ी जलेगी
और किस सिन्दूर में शोले भरेगी
लाख जैसे है पिघलती लाल होकर
और काल वाले पे, यह मौत अपने नाम वाली सील को, झट कील
देगी
चूड़ियाँ दो टूट जाएँगी चटक कर, सिसकियाँ आवाज दे फिर, फिर
कहेंगी
'आज से तेरा सहारा खो गया है'

कौन जाने कौन सी लकड़ी जलेगी? और किस सम्बन्ध का बंधन
जलाकर ये कहेंगी

'आज से मेरा तुम्हारा, प्यार का, व्यवहार का, सम्बन्ध सारा, जल
गया है-'
और रस्सी जल गई है....बल अभी बाकी पड़े है
याद की जैसे लकीरें बुझ गई हो

कौन जाने कौन सी लकड़ी जलेगी और जानें कौन किसका चल बसेगा
युग युगों से जल रहे इतिहास के पन्ने सुनहरे,
नाम कुछ बाकी रहे हैं, देह माटी है जलेगी,
कौन सी लकड़ी जलेगी, कौन जाने
कौन जाने आज कितनी लकड़ियाँ, फिर आ गई शमशान में ठेले पे
लदके
कौन सी लकड़ी जलेगी, कौन जाने!

50. भूल गया

नज़र से पीके मैं जाम-ओ-शराब भूल गया
तुम्हें कहूँ क्या मैं खुद को जनाब भूल गया

हसीन लाल से रुख़्सार हैं दहकते शरर
इन्हें मैं देख के बाग़ी गुलाब भूल गया

छिड़ा वो सिलसिला-ए-गुफ्तगू सनम ऐसे
तेरा सवाल था ऐसा जवाब भूल गया

बहिश्तो हूर चरागाह में रात ऐसे कटी
तुम्हें जो देखा तो देखा सा ख्वाब भूल गया

तेरा शबाब हसीं लाजवाब ये चेहरा
सहर में डूबना ज्यों महताब भूल गया

बयान-ए-दर्द को तो चाहिए 'उजागर' दिल
दीदार-ए-यार से दिल इश्क-ए-ताब भूल गया

कल जब लेकिन नहीं रहूँगा

कर लें आज अंदेशा मेरी घरवाले और बाहर वाले
कल जब लेकिन नहीं रहूँगा तुमको सारे याद करेंगे

जन्म लिया तो दुख देने को निर्धनता ने थी गवाही
होश संभाला तो साँसों के रोग हजारों थे हमराही
दिन भर चिन्ता रही पेट की, और रात को क्या कल होगा
हँसने की तो दूर बात थी रोने तक की थी मनाही
सूख गए जो ग़म के मारे, बिना बहे ही अश्रु खारे
आँखों की झीलों से बहकर कल बेचारे याद करेंगे

अगर-क़ैद मिले दुनिया में जहाँ अन्धेरा इतना गहरा
तन पर भी औरों का बन्धन मन पर भी औरों का पहरा
अपने से ही लड़ते लड़ते हिम्मत टूटी, हार गया तो
इतना जाना इस मेले में आना एक तमाशा ठहरा
चल दूँगा चुपचाप किसी दिन इस मेले से छूट क़ैद से
सजा काट निर्दोष गया, कह कर रखवारे याद करेंगे

थोड़ा सा जीवन पाया था ऐसे जिया, जिया न कोई
ऐसे ज़हर भी गया हँसकर जैसे ज़हर पिया न कोई
उंगली मुझ पर उठीं हजारों और दिया इल्जाम सभी ने
पाप हुए अनजाने कितने जाने पाप किया न कोई
तन की उजली चादर पे कुछ धब्बे, दाग नहीं
मैला इसे बताने वाले साँझ सकारे याद करेंगे

प्यार खोजने मैं आया था मिला न अपने-बेगानों में
चहल पहल में लगा नहीं मन, पाँव ले गए वीरानों में
राह गलत चुन ली या मैंने लिखवाया था या किस्मत में
प्यास लिए होठों पर भटका इधर उधर रेगिस्तानों में
धूल चिर. अपनी मुट्ठी में गुज़र यहाँ से जो जाऊँगा
होड़ ... ... जितने गली गलियारे याद करेंगे

51. आदत है

तुम्हारे ज़ुल्मों सितम से भी तो मोहब्बत है
मिला जो ग़म ये तुम्हारी ही तो इनायत है
तुम्हें जो राह में हमराह न बना पाये
गिला खुद ही से है तुमसे नहीं शिकायत है
तुम्हारा हाथ मेरे हाथ से जो छूट गया
मेरे लिए तो यही बात बस कयामत है
तुम्हीं से प्यार हुआ, थे न तुम तो मेरे लिए
मेरे नसीब के खेल की ये शरारत हैं
मेरे लिए तो 'उजागर' न फ़िक्र करे कोई
मुझे तो ग़म उठाने की एक आदत है।

52. है दुनिया तो मेरी ये कितनी अँधेरी

है दुनिया तो मेरी ये कितनी अँधेरी,
अरे आँख वालो तुम्हें क्या पता है
भटकता हूँ मैं दरबदर रौशनी को,
अरे अय उजालों तुम्हे, क्या पता है।
कई रंग होते हैं ये तो सुना है, कुदरत का तो रंग देखा निराला
सभी रंग मेरे लिए एक से है, सभी रंग मिलकर बना रंग काला
तरसता हूँ फूलों की रंगत को मैं भी,
अरे गुल, गुलालों तुम्हें क्या पता है
कई बार महसूस होता है यूँ भी मेरे सामने मेरे अपने खडे हैं
न बोलें अगर वो तो कैसे मैं जानूं छलने को वैसे तो सपने बड़े हैं
हसरत है किस रूप को देखने की,
अरे ख्वाब ख्यालों तुम्हें क्या पता है
हैं शक्लें कई इस जहन में उभरतीं न जाने मगर कैसी सूरत तुम्हारी
कई मन के मंदिर में मैंने सजाई मगर कौन सी इनमें मूरत तुम्हारी

53. ख़ुदा खैर करे

आज फिर घर पे बुलाया है ख़ुदा खैर करे
मेरा फिर ख्याल उन्हें आया है ख़ुदा खैर करे
शम्मे उम्मीद के ख़ुद जिसने बुझाए थे सभी
उसने फिर दीप जलाया है ख़ुदा खैर करे
जिसे न छूने की खाई थी कसम मैनें कभी
फिर वही जाम उठाया है ख़ुदा खैर करे
मेरे तो नाम से भी उन्हें नफ़रत थी बड़ी
लब पे जो नाम मेरा आया है ख़ुदा खैर करे
शमां की लौ ने तो चिलमन से जलाए हैं कई
रुख से पर्दे को हटाया है ख़ुदा खैर करे
बेवफ़ा ख़ुद थे मगर 'बेवफा' हमको कहा
झूठा इल्ज़ाम लगाया है ख़ुदा खैर करे
पास तक़दीर बनाने को 'उजागर' क्यों चले
जिन्होंने तुमको मिटाया है ख़ुदा खैर करे

54. नहीं है

इतना उदास है जी, जीने को जी नहीं है
फिर भी मैं जी रहा हूँ क्या थे बेकसी नहीं है
चारों तरफ अंधेरे, और गम के काले साए
मेरे लिए दिए में भी रौशनी नहीं है
नाकामियाँ मिली है मायूसियाँ कि अब तो
दिल में खुशी नहीं है लब पे हंसी नहीं है
जो मौत संगे दिल हो आये ना तो करूँ क्या?
इस जाँ के दुश्मनों की वैसे कमी नहीं है
साया न जिसका अपना, आँसू भी है पराए
बदनसीब मुझसा तो कोई आदमी नहीं है?
न इसी की हो सकी ये न उसी के काम आई
अफसोस मेरी अपनी ये जिन्दगी नहीं है।

55. भीगी पलकें

एक दिन उदास और कम हुआ, एक सूनी शाम और ढल गई
बिन तुम्हारे इस तरह से जिन्दगी, धीरे धीरे बिन जिए निकल गई

मन बोझीला, शाम विरानी
भीगी पलकें पीर अजानी
सागर तेरा सूना साहिल
मेरा प्राण - पखेरू घायल
लहरों पर लहरें पीड़ा की
उफनाती हैं खारा पानी
भीगी पलकें..........
किसकी ज्यादा ओ जलराशि?
गहराई में मूक उदासी
असुवन से दोनों कह लेवें
दुखिया दिल की मौन कहानी
भीगी पलकें..........
मन जीवन से ऊब चला है
जैसे सूरज डूब चला है
वैसे खो जाने को व्याकुल
बेकल ये बैचैन जवानी
भीगी पलकें..........

56. मेरा कसूर

मेरा कसूर? बेकसूर था!

तेज़ी मुझमे थी ही नहीं

इसीलिए किसी भी जगह बढ़ नहीं पाया

गलत चलना आया ना मुझको

पर न जाने कौन नम्बर, पढ़ भी तो ना पाया

बेरुके, सौ की गति, मुझे कुचल कर निकल गया

बाज़ सा झपटा, मैं ढह गया

दर्द ही था, मैं सह गया

खून ही था, बह गया

किसी ने पर यह ना सोचा

कि शायद बचाऊँ, तो बच भी जाए

काली परछाई दिखी, मौत की,

मैं डर गया और मैं मर गया

हाल मेरा पूछने को तुम रुके हो, तो सुनो आवाज मेरी.....

चिडचिडे बॉस से, जो घड़ी को देखकर, बुड़बुड़ा कर,

डाँटने को, झिड़कने को तैयार होगा

जा उसे इतना ही कहना, अब नहीं मैं आ सकूँगा!

और देखो, स्कूल के बाहर, बस्ता लिए, मुन्ना मेरा, बच्ची छोटी

बाद छुट्टी के, करेंगे वेट मेरी

लंच से पहले निकलकर छोड़ आना था मुझे

जा उन्हें कहना कि अब पापा तुम्हारे, आज तो न आ सकेंगे

पहली तारीख, बिल कई घर आ चुके हैं
बिजली के, पानी के, किराए के, और न जाने किस किस के
जाकर मेरी बीबी से यूँ कहना
"पे मैं लेने जा रहा था, अब तुम्हे पैसे मिलेंगे"
पर जहाँ उल्झन पड़ेगी
ये स्कूटर, जिसका नम्बर चोट खाकर मिट गया है; नौ पढ़ा जाता नहीं है
किश्त पर ही साल भर पहले लिया था
बेचकर के किश्त देना
या इसे लौटा ही देना क्योंकि ये मनहूस निकला!

तुमसे हो बात कहां मयस्सर है ?
और मुलाकात कहां मयस्सर है ?
इत्तिफाक है— पूनम है, तुम हो—
वरना ये रात कहां मयस्सर है ?

'उजागर'

57. मिलेगा हम सा कोई

मिलेगा हम सा कोई आपको दिलदार कहाँ?
करेगा हम सा कोई दूसरा तो प्यार कहाँ?
किसी भी गुल से, न गुलशन में मन ये बहलेगा
तसल्ली देगी हमारे बिना बहार कहाँ?
बाहों में आप खिंचे आप चले आएंगे
बिना हमारे मिलेगा सकूँ-करार कहाँ?
आसुओं से जो दर्द दिल धो दे
मिलेगा हम सा कोई यार ग़म-गुसार कहाँ?

58. तुम और मैं

तुम भरी एक प्याली मदिरा की
मैं मस्त हुआ पीने वाला
तुम धड़कन हो वक्षस्थल की
मैं हूँ उस पर जीने वाला
तुम कलिका-सुषमा कानन की
मैं भ्रमर भ्रमित हूँ मतवाला
तुम रूप रंग से भरीं हुई
मैं मुग्ध हुआ भोला भाला
तुम शशि-किरण सी सौम्य-पूर्ण
अम्बर की उषा सी सुन्दर
मैं तुम्हें निरख कर पागल सा
मर मिटने वाला तम अंतर
तुम बहती सरिता सी चंचल
मैं शांत कूल स्वागत तत्पर
पा स्पर्श तुम्हारा ही मेरे
भावों में उठती गति-मन्थर
तुम समा गई हो आ करके
बन कसक सलोनी प्राणों में
स्वर लहरी तुम ही बनी हुई
हो थिरक रही इन गानों में
तुम कवि की कविता हो सारी
बस मैं यूँ ही लिख लेता हूँ
तुम दिया प्रेरणा करती हो
मैं बाँध छन्द में देता हूँ

59. एक है

प्रात का निशा का तन अलग अलग
चल रही बयार उनमें एक है
कह रही है इसलिए ही कल्पना
दो जिस्म हैं साँस किंतु एक है
प्रात का निशा का तन अलग अलग

जिस समय गगन जरा सा झुक गया
तो धरा ने डाल कंठ बांह दी
साँझ ने दीये नए जला दिए
प्यार कल्प-तरु ने उनको छाँह दी
चूमने को जब अधर अधर बढ़े
फ़ासला अधर अधर के बीच था
फ़ासला बहुत मिलन के बीच था

रो दिया गगन के प्यार का नयन
दो उतावले अधर अलग अलग
पर मिलन का ज्वार उनमें एक है
कह रही है इस लिए ही कल्पना
दो अधर हैं प्यास किन्तु एक है
दो जिस्म है साँस किन्तु एक है

लालसा नयन में चाँद की जगी
चाँदनी धरा पे बन दुल्हन सजी

हो गए सजल नयन कमल मगर
चाँद के अधर पे वाणी जब बजी
वह बुला रहा था बांसुरी बजा
चाँदनी को भी घटा की नाव पर
जो कि बह रही थी नभ के सिन्धु में
चाँदनी भी लाज से विहस पड़ी
चाँद चाँदनी हँसे अलग अलग
हँस रहा जो प्यार उनमें एक है
कह रही है इस लिए ही कल्पना
दो अधर हैं प्यास किन्तु एक है
दो जिस्म है साँस किन्तु एक है

60. मुझसे न होगा

फूल चढ़ाए जो ला करके बड़े प्यार से, आज उन्हें मैं,
खुद जाकर बाज़ार बेच दूँ? नहीं, नहीं, मुझसे न होगा।

ये मेरे सपनों की दुनिया है, सुन्दर इसका हर टुकड़ा है
इसकी हर रंगीन शाम है, इसमें चंदा का मुखड़ा है
आज कहो क्या इस चाँदी से, या सोने के अम्बारों से,
सपनों का संसार बेच दूँ? नहीं, नहीं, मुझसे न होगा।
मेरी अपनी इस कुटिया में माटी का दीपक जलता है
आँसू भर भर कर रखता हूँ, उससे ही कुछ तम गलता हैं
आज हाथ में धन दौलत के ओ पैसों की झंकारों से,
पहला पहला प्यार बेच हूँ? नहीं, नहीं, मुझसे न होगा।

भला लगे न जग को मेरा लेकिन मेरा अपना स्वर है
मेरे तो भावों की खातिर छंद छंद का बोल मुखर है
ये कैसे पर हो सकता है, पैसों की खनखन के आगे,
वीणा की झंकार बेच दूँ? नहीं, नहीं, मुझसे न होगा।
मोल नहीं मानव का माना, जग में सोना ही चलता है
किस्मत जाती बैठ जहाँ पर, पतला सा कागज़ चलता है
पर जैसा भी हूँ जग में, मेरी अपनी ही है हस्ती,
मस्ती का अधिकार बेच दूँ? नहीं, नहीं, मुझसे न होगा।

61. पुकार को न भूलना

मुझे तो प्यार दो न दो
तुम दुलार दो न दो
पर हृदय के प्यार की पुकार को न भूलना
है तुम्हें मेरी कसम

हर कली बहक रही
हर दिशा चहक रही
झूमता बसन्त है, हर गली महक रही
फूल हार दो न दो
खिली बहार दो न दो
पर लुटी हुई चमन की डार को न भूलना
है तुम्हें मेरी कसम

दीप मौन जल रहा
नेह है पिघल रहा
औ गगन का चाँद भी, हो उदास ढल रहा
इधर विचार दो न दो
आ संवार दो न दो
पर किसी की सेज के सिंगार को न भूलना
है तुम्हें मेरी कसम

लो घटा बरस रही

दूब हो सरस रही

मन में कोई आरज़ू लग रही तरस रही

स्वर गुंजार दो न दो

औ मल्हार दो न दो

हल्की हल्की पड़ रही फुहार को न भूलना

है तुम्हें मेरी कसम

दौर जाम का चले

झूम कारवाँ चले

संग में चले ज़मीं साथ आस्माँ चले

सुराही दार दो न दो

नशे हज़ार दो न दो

पर नशा है प्यार भी, खुमार को न भूलना

है तुम्हें मेरी कसम

हार हो या जीत हो

जग अमीत मीत हो

पर जवानी कह रही कि दो दिलों में प्रीत हो

छेड़ तार दो न दो

गीत प्यार दो न दो

खुद ही झनझना गई सितार को न भूलना

है तुम्हें मेरी कसम

62. धोखा अपनों से

धोखा अपनों से खा लिया हमने
सबको ही आज़मा लिया हमने
शम्मा-ए-महफ़िल से जा कहे कोई
रात भर दिल जला लिया हमने
अब अँधेरे में रोशनी क्या हो?
ग़म को हद से बढ़ा लिया हमने
तेरी बेरुखी पे ये वफ़ा रोई
शर्म से सिर झुका लिया हमने,

मातम पे आओगे, है यकीं
हर तरह यूँ बुला लिया हमने
मिटटी बोलेगी तुम नहीं समझे
हाल-ए-दिल था सुना लिया हमने
नफ़रत थी 'उजागर' के रुख से तुम्हें
कफ़न में मुहं छिपा लिया हमने

63. देने वाले इतना तूने

देने वाले इतना तूने दर्द दिया है इस दुनिया को
खोल ज़रा जो आँखें देखे, तू भी निरख निरख कर रोए
प्यास सताती कंठ-कंठ को, हर प्राणी को भूख रुलाती
जाते जाते एक मुसीबत, छोड़ दूसरी आफत जाती
हर व्यक्ति के रोम रोम में, तूने सौ सौ रोग भर दिए
असह-वेदना किसम-किसम की, मछली की भाँति तड़पाती
सुने अगर जो दर्द भरी तू, चीख किसी दुखिया रोगी की
शायद फटे कलेजा तेरा, तू भी बिलख-बिलख कर रोए
देने वाले इतना तूने....

घटना हो या दुर्घटना हो, तेरे कहने से आती है
तेरे एक इशारे से ही, साँसों की गति रुक जाती है
अपना आप छुपाने को ही, पाप-पुण्य का ढोंग रचाया
वरना पहले साफ बताता, क्यों यह दुनिया दुःख पाती है?
यह बतलाता किस जुर्म की, कौन सजा निर्धारित की है
जिससे पाप किसी से आगे, कभी न भूले से भी होए
देने वाले इतना तूने

शायद ज्ञात नहीं है तुझको, तूने कितने लोग रुलाए
इतना भी मालूम नहीं है, कितने तूने जीव सताए
कभी जो आकर इस धरती पर, दो दिन भी मेहमान बने तो
तुझे दिखा दूँ इन जीवों से, ज्यादा तूने रोग बनाए
तू भी खुद न गिन पाएगा, इस दुनिया के नर्क कुण्ड में

कितनों ने दिन तड़प गुजारा, सारी रात न पल भर सोए
देने वाले इतना तूने

नयन दिए, दिखने से पहले तूने उनसे नज़र छीन ली
पाँव दिए, चलने से पहले लेकिन तूने डगर छीन ली
कितनी माँओं की ममता को धोखा तूने दिया विधाता
एक खिलौना दे गोदी में, पल में उसकी उमर छीन ली!
कारण पूछा अगर धर्म से तो यह उत्तर मिला अबूझा
'कहाँ जीव को आम मिलेंगे? जो उसने काँटे हैं बोए
देने वाले इतना तूने दर्द

रिसते घाव बदन पर लाखों, जैसे जलते हों अंगारे
जिह्वा दी, आवाज़ नहीं दी, कैसे दुखिया तुझे पुकारे?
कितने तूने किए अपाहिज, कितनों को मोहताज बनाया
तू ही जाने भला कहाँ तक, कौन गिनाए दुखड़े सारे?
लाखों अनहोनी घटनाएँ, चिन्ताएँ, लाखों बीमारी
देख करोड़ों जग के दुखड़े, भर आएँ नयनों के कोए
देने वाले इतना तूने दर्द

किसी को सुन्दर रूप दे दिया गोरी कंचन जैसी काया
पर आँचल के साथ बाँध दी तूने दुःख की काली छाया
वहम उसे है वह शीशे का बर्तन है जो छूट गिरेगा
बना दिया जो उसको पागल, फिरता सड़कों पर बौराया
जब तूने मस्तिष्क ले लिया, बेचारा कैसे सोचेगा
युग-युग से संचित वह अपने, पाप कहाँ पर जाकर धोए?
देने वाले इतना तूने, दर्द दिया है इस दुनिया को
खोल ज़रा जो आँखें देखे, तू भी निरख निरख कर रोए

64. ज़िक्र मेरा न करो

ज़िक्र मेरा न करो फ़िक्र मेरी न करो
मैं परेशां हूँ मुझे और परेशां न करो
जो दिया ग़म ये मुझे मारने को काफ़ी है
ख़ुदा से मौत की मेरी तो तुम दुआ न करो
मुझे तो बोझ से भरी ये ज़िन्दगी है लगी
मुझे मिटाने का कुछ और फैसला न करो
हुआ हूँ खुद ही मायूस अपनी सांसों से
मेरी वफ़ा को ज़माने में बेवफ़ा न करो
तुम्हें कसम है 'उजागर' की जो तुम बात करो
सभी के सामने तो इश्क को रुसवा न करो

65. है कचहरी बहुत बहरी

है कचहरी बहुत बहरी और है कानून अंधा
बेगुनाह फाँसी चढ़े
सम्भव यहाँ है और करके खून
कोई छूट जाए
जीत जाए झूठ
इसमें शक नहीं है
तप रही है बाहर दुपहरी
पढ़ रहे कानून की
मोटी किताबें
सामने जज के प्लीडर
बहस भारी हो रही है
और दोनों ही तरफ के
ये वकील
दे दलील
थक चुके हैं
लंच के से बाद की पेशी पड़ी है
ले रहे हैं सब उबसियाँ अदालत सो रही है!
एक चिड़िया
कब कटी
कब गिरी
कब मर गयी

बिजली के पंखे से कटकर
है किसे मालूम?
क्योंकि ये कचहरी बहुत बहरी
और है कानून अंधा

66. फूल से मिली चुभन

फूल से मिली चुभन, प्यार से मिली जलन
हाय मेरी ज़िन्दगी ही दे गयी मुझे कफ़न
ऐसा क्यों हुआ खुदा
फर्क नुक़्ते का जुदा
रात ढल गयी यही सोचते विचारते,
फूल से मिली.........

होंठ प्यास से जला,
दर्द और बढ़ चला,
सूख है गयी जुबां
रुंध गया मेरा गला
प्यार की यही सज़ा
दी मुझे, तेरी रज़ा
उम्र ढल न जाये मीत को पुकारते
फूल से मिली..........

प्यार एक भूल है,
चाह जिसका मूल है
फूल अपने आप में,
ख़िज़ा भरी ही धूल है
रंग जिसका जर्द है,
इर्द-गिर्द गर्द है
अनछुए से फूल को

हम रहे निहारते
फूल से मिली...........

क्या गलत क्या ठीक है,
सबकी एक लीक है
प्यार के गुनाह में,
हर कोई शरीक है
पुण्य हो, या पाप हो,
शाप हो या ताप हो
जायेंगे सभी इसी भूल को सुधारते
फूल से मिली...............

67. प्रलय और सृजन

ह्रास में ही तो नया विकास है
है प्रलय में ही सृजन छुपा हुआ
साँस जो भी ले रही हैं जिन्दगी
है हरेक में मरण छुपा हुआ

ये चिताएं जल रही हैं हर घड़ी
हर जगह पे बन चुकी कई कबर
इस मज़ार के तले ही नींद में
सो रहे हैं जिन्दगी से बेखबर
मर चुके हैं नाम वे महान भी
है जिन्हें पुकारता ये जग अमर
खो नहीं गई है बाहु-शक्ति पर
जीतने को वे उठेंगे फिर समर
मृत्यु से भी हारने के शब्द में
देखिये विजय वरण छुपा हुआ
ह्रास में ही तो नया विकास है।
है प्रलय में ही सृजन छुपा हुआ

क्या हुआ जो टूट करके व्योम से
टिमटिमाता सा सितारा आ गिरा
पर कमी पड़ी नहीं आकाश में
हर निशा में तारिकाओं से भरा

फिर चमकने के लिए वे शाम को
एक एक करके सारे मिट गए
देख कर के या उषा श्रृंगार को
वेणियों में गुथने को सिमट गए
तारिका में नीलिमा आकाश की
नीलिमा में है गगन छुपा हुआ
ह्रास में ही तो नया विकास है
है प्रलय में ही सृजन छुपा हुआ

फूल एक शुष्क हो के डाल से
क्या हुआ जो धूल में ही मिल गया
उस जगह नया अनूप रूप ले
नया सा पुष्प कल ही फिर खिल गया
फूल रोज़ तोड़कर के माली ये
हर रोज गूँधता सदा रहा
पर जगत् के माली को भी देखिये
फूल उतने ही सदा खिलाता रहा
हर कली में है चमन छुपा हुआ
ह्रास में ही तो नया विकास है
है प्रलय में ही सृजन छुपा हुआ

क्रम सदा यही चला है विश्व का
है सृजन में ही प्रलय छुपा हुआ
जन्म लेने में मरण समा रहा
अस्त में ही है उदय छुपा हुआ
जग सदा रहेगा यूँ हरा भरा
हम नहीं यहाँ भले ही न रहें
पर कमी नहीं पड़ेगी विश्व में

हम भले सदा रहे या न रहे
बस्तियो के बीच में विनाश है
खण्डरों में है भवन छुपा हुआ
ह्रास में ही तो नया विकास है
है प्रलय में ही तो सृजन छुपा हुआ

उजागर जहां से चला जा चुका है ।
अरे काल-कलक उस रखा चुका
नहीं ए कवि, ... जग में नहीं हूं तुम्हारा
गरत तो उजागर चला जा चुका है ॥

अगर हाथ, ...ले कोई कमौशाब कहेगा
...अरे किस तरह दिल लहेगा ?
तो जान पड़े उते जिंदगी में ' ,
कहो जो ... अगर गिरकर रहेगार ?
..., कि सागू तो

तुझे आया मे पे तद रूय केलेगी
को सुख मेरी नलो गो रिबलेगी ।

कभी सुख मेरी
...राधा की नली भी ... दिखाकर ... अगर तुम सुद रहाग
... राधा क पड़ा
नहीं तो मुझे शान्ति ना मिलेगी ॥

68. जिन्हें रात दिन

जिन्हें रात दिन दिल पुकारा किए
चल दिए वो ही हमसे किनारा किए
जिन्हें हमने समझा था हैं, हमसफर
चले जा रहे बे-सहारा किए
वो बेकार वायदे, इकरार झूठा
कहो किस सहारे गुज़ारा किए
ज़ब्त इतना किया, मुँह से ना कुछ कहा
सितम लाख हँस हँस गँवारा किए
उजागर, जिए कौन उम्मीद पर
चले खूँ जिगर का हमारा किए

69. स्टेशन है

हर चीज यहाँ पर चलती है, बस नाम सिर्फ स्टेशन है
हर तरफ को गाड़ी चलती है
हर किस्म कि साड़ी चलती है
गाड़ी रेवाड़ी चलती है, बस नाम सिर्फ स्टेशन है

लोहे की राह भी चलती है
चैकर की बाँह भी चलती है
रिश्वत की छाँह भी चलती है, बस नाम सिर्फ स्टेशन है

किस्मत की बात भी चलती है
उल्फत की बात भी चलती है
रिश्वत की बात भी चलती है, बस नाम सिर्फ स्टेशन हैं

टिक-टिक घड़ी भी चलती है
हुई देर बड़ी भी चलती है
चाँदी की छड़ी भी चलती है, बस नाम सिर्फ स्टेशन है

गाड़ी आई और निकल गई
गई भीड़ उतर कुछ धिकल गई
सारी ही दुनिया बदल गई, बस नाम सिर्फ स्टेशन है

जो पहले था वो नहीं रहा
जो जहाँ खड़ा था नहीं रहा
पहले सा पहला नहीं रहा, बस नाम सिर्फ स्टेशन है

ऐसे ही दुनिया चलती है
पल पल में रंग बदलती है
छलना सब को छलती है, बस नाम सिर्फ स्टेशन है

70. नहीं

हिजाब से ही तेरे हुस्न का जवाब नहीं
हसीन अर्श पे ऐसा तो माहताब नहीं
हया से लाल, नशे से झुकी हुई पलकें
नशीली जाम में ऐसी कहीं शराब नहीं
ये बाहें मरमरी ये लोच और नाज़-ओ-अदा
चमन में ऐसा तो नाजुक कोई गुलाब नहीं
किसी ने आज तलक ऐसा बुत नहीं देखा
जो सामने हो हकीकत में और ख्वाब नहीं
समझ न लेना इसे बात खुद परस्ती की
नीयत है साफ़ ‘उजागर’ तेरी खराब नहीं

71. पूछते हो

पूछते हो हूँ कहाँ पर, सब जगह अधिवास मेरा
प्रत्येक कण में इस जगत के, एक मैं ही हूँ रमाया
वस्तु ऐसी कौन सी है, मैं नहीं जिसमें समाया
प्रेम की है भूख मुझको, है दर्शन अनायास मेरा
पूछते हो हूँ कहाँ पर, सब जगह अधिवास मेरा

जिस जगह पर धर्म रहता, पाप के हैं पांव उखड़े
हैं मुझी से लगन जिसकी, प्रेम सिन्धु का है उमड़े
जो अटल विश्वास रख कर, एक मेरी शरण आता
प्रेम के बन्धन उसी के, सर्वदा मुझको है जकड़े
बाँध लेता है किसी दिन, यह भुजा का पाश मेरा
पूछते हो हूँ कहाँ पर, सब जगह अधिवास मेरा

स्थान ऐसा कौन सा है, मैं जहाँ रहता नहीं हूँ
भक्त जब दुख में पड़े हों, मैं सुखी होता नहीं हूँ
कर भरोसा एक मुझ पर, जो सदा है ध्यान करता
पूजता हो चाहे पत्थर, मैं प्रकट होता वही हूँ
दरश को पाता वही है, है जिसे विश्वास मेरा
पूछते हो हूँ कहाँ पर, सब जगह अधिवास मेरा

लोभ जिसको छू न पाया, है नहीं अभिमान जिसको
काम त्यागा मोह त्यागा, प्रिय नहीं हैं प्राण जिसको
मान में न हर्ष होता, अपमान में जो न है जलता

आ गया जो शरण मेरी, दर्श है आसान जिसको
कृष्ण बनूँ मैं साथ उसके, हो रहा है रास मेरा
पूछते हो हूँ कहाँ पर, सब जगह अधिवास मेरा

सत्य में जो लग रहा है, पाप से है दूर रहता,
प्रेम की जो इस नदी में, है निरन्तर सुख से बहता
क्रोध को जो मारता है, क्रुद्ध भी जो न हुआ
दुष्ट के जो वचन सुन, है नहीं दुर्वचन कहता
उसके हृदय में सदा ही, हो रहा है वास मेरा
पूछते हो हूँ कहाँ पर, सब जगह अधिवास मेरा

72. ओ बेनाम शहीद

प्यारे वतन पे जान लुटा दी सब कुछ वार दिया बलिदानी
सदियों तक हम हिन्दुस्तानी याद रखेंगे वह कुर्बानी
जो तुमने दी देश की खातिर
ओ बेनाम शहीद। ओ बेनाम शहीद।

जुल्मों की इन्तहाँ हो गई लेकिन मुँह से कुछ न बोले
राज दफन सीने में सोए, दर्द सहे पर होठ न खोले
ओ बेनाम शहीद! ओ बेनाम शहीद
नन्ही सी कमजोर जान के थे मजबूत इरादे
इतनी गहरी मिली यातना लगे भूलने वादे
ओ बेनाम शहीद, ओ बेनाम शहीद,

साजन मिले न बनी न दुल्हन, अर्थी मिली सजी न डोली
सुख सुहाग न सेज फूलों की, सीने पे झेली आग की गोली
ओ बेनाम शहीद! ओ बेनाम शहीद
मातृभूमि पर जो मिट जाते देशभक्त सच्चे कहलाते
हंसते हंसते बलिवेदी पर तन मन धन अर्पित कर जाते
ओ बेनाम शहीद! ओ बेनाम शहीद

73. मान बैठे

मासूम सी हसीं को उल्फत वो मान बैठे
नाहक ही दिल्लगी को हक़ीकत वो मान बैठे
मुड़कर उन्हें जो देखा मुड़ते हुए गली में
रुक करके देखने को चाहत वो मान बैठे
कहें क्या समझ को उनकी नादानी महज़ है
शोखी को हर अदा को शरारत वो मान बैठे
दिलकश हसीन थे वो नाराज़ हो गए हैं
उठती हुई नजर को जुर्रत वो मान बैठें
हर शाम जो तमाशा दीवानेपन का देखा
मिलने को रोज़मर्रा आदत वो मान बैठे
था कह दिया हंसी में, रो-रो के रात गुज़री
बीमार दिल की नाजुक हालत वो मान बैठे
हम तंग आ गए हैं दीवानगी से उनकी
लो मौत को 'उजागर' राहत वो मान बैठे

74. कल कोई साथ गुज़रा था

कल कोई साथ गुज़रा था,
आज वह गुज़र गया

कल वह कंधे पे
उठाए था 'फूल' नन्हा सा
और आज वही
कंधो पर फूल लिए गुज़र गया

दो पल मन रुके, रोये
फिर मेले में जैसे भूल गया

कल कोई साथ गुज़रा था,
आज कोई साथ गुज़र गया

75. दिल से हारे हैं

दिल से हारे हैं, या जवानी से
हम परेशां हैं, जिन्दगानी से
आतिश-ए-इश्क़ पे अश्क़ क्या करते
आग बुझती नहीं ये पानी से
दिल से हारे हैं

हमें दुःख दर्द ग़म मिला इतना
एक मेहरबाँ की मेहरबानी से
चलो चलने को हम तो बैठे हैं
जाना ही है, जहान-ए-फ़ानी से
उम्र छोटी, क्या जल्दी जाने की?
हैं पूछते सभी हैरानी से
था 'उजागर' कोई चला जो गया
ज़िंदा ही हम हुऐ कहानी से
दिल से हारे हैं

76. अम्मा कौन सा काम करूँ

कब तक बैठा बैठा खाऊँ, आखिर कुछ मुझे कमाना है
मात पिता के सिर पर कब तक, जीवन मुझे बिताना है?
ये हड्डे खूब बढ़ा डाले, कब तक मैं यूँ आराम करूँ
BA पास हो चुका हूँ मैं, अब चालू अपना काम करूँ

छोटी मोटी अगर नौकरी, गुजर पड़े कुछ नजरों से
या wanted के column से ही ढूंढ बता देना खबरों से
मैं ढूंढ-ढूंढ कर हार गया, बिकती है नहीं बाजारों में
मैं अपने इस दुःख को मइया, रोता हूँ अक्सर यारों में
unemployment दफ्तर में जा, मैनें भी धक्के खाए हैं
लम्बी लम्बी लाइनों में लग, मैनें भी पाँव तुड़ाये हैं
बेकार लिस्ट में पहले था, बेकार आज भी फिरता हूँ
अब नहीं सिफारिश चलती है, मैं कदम कदम पर गिरता हूँ

मैने भी typing सीखी थी, पर काम नहीं अब आती है
जब नहीं नौकरी मिलती है, तो घर का कोई काम करूँ
बैठा बैठा झिड़की खाकर, क्यों अपने को बदनाम करूँ?

सरस गंडेरी खूब बिकेगी, कल से क्या इसको बेचूँ
रेड़ी बनवा कर ले आऊँ और तपी धूप में मैं खींचू
सुनता हूँ ठन्डे शरबत का अब काम जोर से चलता है
जग लस्सी पानी बेच-बेच अच्छे पैसे पा लेता है
सर्दी में चाय बेचूँगा, गर्मी में लस्सी पानी को

सब्जी भी अच्छी बिकती है, सब्जीवाला बन जाऊँगा
कुल्फी वाला बन कर के मैं, फिर गली गली फेरी दूंगा
मुर्गी के अन्डे बेच बेच अच्छी आमदनी कर लूंगा

आलू छोले भी बुरे नही, बिकती है चाट पकौड़ी भी
बिकते हैं अरे परान्दे भी, बिकती चप्पल की जोड़ी भी
बूट सभी तो पहना करते, पालिश का चालू मैं काम करूँ
नाई बन कर के माँ, जग में पैदा अपना कुछ नाम करूँ
गर्मी में पंक्चर होते हैं, मैं पंक्चरवाला बन जाऊँगा
मैं पांच मिनट में पंक्चर के, झट दो आने पा जाऊँगा
मैं चार रोटियाँ खाता हूँ, क्या भार उठा न सकता हूँ
दो हाथ पाँव मेरे भी हैं, क्या नहीं कमा ला सकता हूँ

भाई बहनों बतला दो तुम, क्या इससे मैं अन्जाम करूं
BA पास हो चुका, अब चालू अपना काम करूं
समझा दो, देखो पूछ रहा हूँ
अम्मा कौन सा काम करूँ

77. कभी कभी

कभी कभी ऐसा लगता है मैं बहुत थक गया हूँ
न जाने कब से, बिना किसी ताल, लय की थाप के, नाच रहा हूँ
और पायल के घुंघरू, कब के बिखर कर टूट गए हैं
एड़ियाँ अकड़ गयी हैं, अंग अंग शिथिल हो रहा है
जोड़ जोड़ टूट रहा है
चाहता हूँ ये शो अब खत्म हो
पर सूत्रधार की उँगलियों में बंधी डोरी और खिंच गयी है
मैं नाच रहा हूँ

कभी कभी ऐसा लगता है, मैं बहुत थक गया हूँ
न जाने कब से, बिना किसी लक्ष्य सीमा रेखा के
भाग रहा हूँ, साँस कब की फूल चुकी है
पाँव सूज गये हैं,
पर एक जैसे अदृश्य हाथ मुझे खींच रहा है
और मैं बेतहाशा भाग रहा हूँ

कभी कभी ऐसा लगता है मैं बीमार हूँ
हस्पताल के कोने में कब से पड़ा हूँ
किसी ने हाल नहीं पूछा, उपचार क्या होगा
दम निकल रहा है,
एक झपकी आयी,और मौत भी थपथपा के लौट गयी
और मै बेसहारा चीख रहा हूँ
कभी कभी ऐसा लगता है

78. व्यर्थ अभिलाशा

इच्छाऐं देखो बौने की, अम्बर के तारे तोड़ेगा
पृथ्वी के दोनों कोनों को, नभ के छोरों से जोड़ेगा

कैसे छोटा हंस अकेला, मोती सुन्दर चुग पाऐगा
मन के महलों की दीवारें, एकाकी क्या चुन पाऐगा
देख मरू में जल की धारा, भाग रहा है मृग दीवाना
दूर बहुत है सरिता आगे, कैसे उसके जल को पाना
तोड़ सुधाकर को लाएगा, उच्च गगन से भू के ऊपर
आहों से क्या खाक बनेगा चमक रहा है जो यह दिनकर

छोटे कुरूप काले भँवरे को कैसे कलियाँ अपनाएंगी?
क्या निर्बल से प्राणी की पूरी इच्छा हो पाएंगी
क्या छोटा सा आहत पँछी, चन्दा के मुख को चूमेगा
अधर सुधा को क्या पीकर के, मतवाला हो कर झूमेगा
क्या संसार जलेगा सारा, इसकी शीतल तम श्वांसो से
बन्दी सा जग बंध जाएगा, क्या इसकी इच्छा पाशों से
या फिर.......
या फिर, इस छोटे प्राणी को, जग सम्मुख झुक जाना होगा
और कहीं मंजिल से पहले, पथ में ही रुक जाना होगा!!

इच्छाऐं देखो बौने की, अम्बर के तारे तोड़ेगा
पृथ्वी के दोनों कोनों को, नभ के छोरों से जोड़ेगा

79. मैं रोज

मैं रोज अपने घर के कमरे, आँगन, देहरी बुहारता हूँ
सारा कूड़ा करकट बटोर कर, घर के बाहर गली में, फेंक देता हूँ
और निश्चिंत लौट आता हूँ
पर हवा के झंकोरे, धूल, सारा कूड़ा करकट, फिर कमरे, आँगन, देहरी
में भर जातें है
और मैं हैरान हूँ कब तक घर बुहांरू!

मैं रोज सुबह तन, मन, जीवन सँवारता हूँ
सारे कलुषित भाव, पाप समेट कर
अपने से बाहर, दूर फेंक देता हूँ
और शांत मुक्त, हो प्रसन्न बैठ जाता हूँ
पर लालसा की आँधी, तृष्णा की धूल,
फिर मुझ में, मेरे मन में
दुर्भाव भर जाती है
और मैं हैरान हूँ कब तक तन, मन, जीवन सवारूँ!!

रेल गाड़ी में भीड़ बहुत थी, छूट गई,
अब सुबह गाड़ी मिलेगी
स्टेशन पर बैंच में खटमल बहुत हैं और फर्श बहुत गंदा है
कहाँ लेटूँ? रात में कैसे गुजारूँ
हर तरफ लोगों की भीड़

अवसर आए और छूट गए
और कभी सु-अवसर आएंगे
दुनिया में हर तरफ लुटेरे, मुनाफाखोर है
और सियासत निकम्मी है
किसे बोलूँ, जीवन मैं कैसे गुजारूं?

80. दो लाइनें

लाइनें दो-एक में लोग तुम से, एक में मुझ से
तुम बड़े कैसे? मालूम नहीं जैसे।
तुमने क्या नहीं किया, झूठ बोला, धोखा दिया, अपने आप को छला
बेइमानी की और आगे बढ़ गए।
और मैं, वहीं रह गया
देखता कि लोग सुधरें, शायद कोई कहे "अब तुम्हारी बारी है"
अफसोस, ऐसा कोई कहीं निकला।

अब तुम्हीं पूछते हो? "तुम आगे क्यों बढ़ नहीं पाए?"
मैंने खुद को ठीक समझा, तुमने गलत को,
यही है उत्तर तुम्हारे प्रश्न का
फिर प्रश्न मत दोहराना
आज तुमने दिल दुखाया है
कल न पूछना "तुम आगे क्यों बढ़ नहीं पाए?"

81. दिल भर गया

दिल भर गया हमारा ग़म से भरे जहाँ से
जाएँ चले कहाँ पर, घबरा के हम यहाँ से
मुश्किल किसी से कहना, मुश्किल है और सहना
दिल दर्द के बयाँ को, लाए जुबा कहाँ से?
गिरती सदा अम्बर से ही बर्क आशियाँ पर
हम पर गिरी है बिजली खुले साफ़ आस्माँ से
खुशियों का कारवाँ तो गया दूर से गुज़र कर
बन करके रह गए हैं कदमों के कुछ निशाँ से
है चुमन जिगर में, दिल में, हर साँस में घुटन
अब बोझ ज़िन्दगी का उठता नहीं है जान से
कुछ मातमी सी चेहरे पर छा गई है ऐसी
सब पूछते परेशाँ क्यों हो रूआं रूआं से
खुद से परेशाँ इतने तुम हो गए उजागर
दो दिन की ज़िन्दगी में भटके कहाँ से

शेर-ओ शायरी

गजरे छूटे, गुलाब टूट गए
छलक जाम-ए-शराब टूट गए
सुबह की किरण नशे को लूट गई
ख़्वाब थे, ख़्वाब टूट गए

दीप है सत्य, धुआं झूठा है
धूल है सत्य, और मकां झूठा है
फिर किसके लिए खुद को शै दी तुमने
आत्मा है सत्य, जहाँ झूठा है

छिप कर के किया वार, कोई वार नहीं है
उपर से डाली धार, कोई धार नहीं हैं
यदि खेलनी होली है तुम्हें, तो सामने आओ
तुम्हारी 'हो-ली' न कहा लूँ, तो ये त्योहार नहीं है

दूल्हा देख, यूँ मौत की जिन्दगी से बात चली
सुबह से लेके चली और सारी रात चली
काठ पे चढ़ा घोड़ी की, शादी थी हुई
काठ की घोड़ी चढ़ा, रोती क्यों बारात चली?

रोके से नहीं रूकती है, रफ़्तार-ए-जवानी
बांधे से नही बंधता है सैलाब का पानी
कितना ही हो चतुर, हो संयम से बंधा
उससे भी करा लेती है ये पाप जवानी

आए थे यहाँ ब्याह था गौने की तरह
खेल कई खेले, खिलौने की तरह
जिन्दगी भी क्या, रात का सपना कोई
दुनिया को चले छोड़, बिछौने की तरह

कोशिश की लाख भुलाने की मगर
भुलाना है तुम्हें, बस ये ही मुझे याद रहा

सोचने को बहुत कुछ है जिन्दगी में मगर
मगर सोचो तो जिन्दगी कुछ भी नहीं

देता खुदा मुझे तो तुम पर
जान लाखों निसार कर देता

जब बीत गया जीवन, कोई आया तो क्या आया
जब बीत गया यौवन, कोई भाया तो क्या भाया
दो बूंद को तरस कर जो मर गया कोई चातक
लाश पर उसकी घनघोर घन छाया तो क्या छाया

मन से न मिले मन, तो मिलना मिलाना कैसा
न झरे आँख से आँसू, तो हँसना हँसाना कैसा
कोई रात हो, कोई बात हो, कोई मय हो, कोई साकी हो
रहे होश, न हो मदहोश, तो फिर पीना पिलाना कैसा

बिन बादल बरसात नही होती हैं
बेवजह कोई बात नही होती है
गर रज़ा हो उसकी और दिल में खलिश,
वर्ना मुलाकात नहीं होती है

किसी गुरु में हैं संभव, आत्मा का ज्ञान मिल जाए
किसी मन्दिर में हो सकता, तुम्हें भगवान मिल जाए
किया शैतान ने जादू है ऐसा ज़माने पर मगर
बहुत मुश्किल है यहाँ इन्सान को इन्सान मिल जाए

बचपन में खिलौनों से बहुत प्यार किया
यौवन में सलौनों से बहुत प्यार किया
गरज ये, कि चाहत मेरी कम न हुई
बुढ़ापे में बिछौनों से बहुत प्यार किया

कौन किसका रकीब होता है
कौन किसका हबीब होता है
वैसे ही बन जाते हैं ताल्लुक सबसे
जैसा जिसका नसीब होता है

सोज़ को साज़ दिए जाता हूँ
दर्द को राज़ दिए जाता हूँ
तुम भले ही साथ मेरे चलो, न चलो
मैं तुम्हे आवाज दिए जाता हूँ

भुलवा दिया है हर कहानी को
धुंधला दिया है हर निशानी को
कैसे कहें वक्त ने क्या जुल्म किया
छीन लिया हम से जवानी को

गीत कई साज से भी छुपाए
साज़ कई आवाज़ से भी छुपाए

भला कौन समझेगा मेरी बेकसी को
कई राज़, हमराज़ से भी छुपाए

ये बात नहीं पहले सी मोहब्बत न रही
ये बात नहीं पहले सी उल्फ़त न रही
ऐसा उलझा हूँ इस दौर-ऐ-दो रोटी में
तुमसे दो बात की फुरसत न रही

सुर्ख गुलाब मानिन्द तेरी नज़र
डूबी हुई मस्त- ए-ख़्वाब तेरी नज़र
बाकी नहीं शराब, आँखों से दे पिला
ज्यादा शराब से, शराब तेरी नज़र

बिना पिये ही पूरी जिन्दगानी की
उम्र तमाम सूफी सी बे-मानी की
लिया न लुत्फ़ मय, रस्क, बहारों में
खुदा की दी, बेकार ये जवानी की

बदले से हालात, इन्हें रोको
नशे में लम्हात, इन्हें रोको
ये नसीब नहीं, इसे इत्तेफ़ाक समझो
मय, तुम, ये रात, इन्हें रोको

चाँदनी है रात, बड़ी मुश्किल है
मान लूँ मैं बात, बड़ी मुश्किल है
करने को जब्त तमाम उम्र अभी बाकी है
जोश में जज्बात, बड़ी मुश्किल है

आई जो गहरी नींद, लगी आँख, सो गया
अपना रहा न होश, मैं बेहोश हो गया
शिकवे गिलों से मेरे आप तो हुज़ूर तंग थे
उठा कफन को देखिए, मैं ख़ामोश हो गया

जीते जी मौत के बहुत करीब कर दिया
किसी को खुश, किसी को और बदनसीब कर दिया
खुदा ने सब नियामतें की एक सी अता
आदमी ने आदमी को पर गरीब कर दिया

बिना तुम्हारे क्षण भर जीना मेरे लिए असम्भव होगा
प्रतिपल, प्रतिक्षण इतना जो तुम प्यार करोगी

पुर शबाब हो नहीं सकती
लाजवाब हो नहीं सकती
जब तक न भौरां चूमें
कली गुलाब हो नहीं सकती

शादी पे ख़ुशी क्यों न दिल में समाती है
हर आँख मैय्यत पे क्यों डबडबाती है
वक्त का है खेल, फर्क दोनों में नहीं
डोली एक आती है, एक जाती है

बीमार है हर गुल तो चमन का क्या होगा?
हर मंत्र ग़लत है तो हवन का क्या होगा?
अन्धी राहों में हैं गुमराह रहबर सारे
मैं सोचता हूँ फिर वतन का क्या होगा?

दर्द भरी है हर कहानी क्या कहिए
परेशां है हर जिन्दगानी क्या कहिए
किस किस की दास्तां लिखूँ, क्यों दिल टूटा
हर आँख में है पानी क्या कहिए

फिर तेरे नाम से दिल डूब गया
और भी जाम से दिल टूट गया
शबे रात कैसी कटेगी मालूम नहीं
आज तो शाम से दिल ऊब गया

मेहमान हूँ पर घर से भी डर लगता है
प्यार की नज़र से भी डर लगता है
अपनी छाया से खुद ही सहम जाता हूँ
साँस को उमर से भी डर लगता है

चूनर तो काँटों से थमा करती है
प्यार में धूनी रमा करती है
सत्संग किसी पुण्य की सभा होगी
महफिल तो गुनाहों से जमा करती है

दुल्हन के बिना सेज की सजावट क्या हैं
दर्द बिना चेहरे की मुस्कराहट क्या है
इससे तो और ही बेताबी बढ़ी जाती है
वो न आए तो आने की आहट क्या है

उम्र भर न याद किया
अब बुलाते हो जब कि मैं ही नहीं

बिस्मिल ने यूँ तड़पकर फ़रियाद की
देखो मेरी बेकसी का आलम, सैय्याद ही खफ़ा है

कहते हैं जो मुझे बुरा शायद वो ठीक हों
वैसे जहाँ में कोई 'उजागर' भला नहीं

बहाना कोई और चल नहीं सकता
छलावा भी कोई और छल नही सकता
जाना होगा, कई साल मायके में रहे
बुलावा आया पिया का, जो टल नहीं सकता

मुहँ छिपाने के लिए, दो ग़ज का टुकड़ा भी न दे शायद मुझे ख़ुदगर्ज दुनिया
इसलिए खुद रोज उठकर,
हाथ से बुन रहा हूँ, आप ही अपना कफ़न
रात को कफन तामीर कर खुद मकबरा
लेट जाता हूँ समझ कर ताज उसको
और सब कहते हैं, उजागर सो रहा है, नींद में है, देख रहा मीठा सपना

हर एक को, अपने को, पराए को, छोड़ जाना है
सोने चाँदी को, तिजोरी में पड़े को छोड़ जाना है
घर अपना समझ कर के, ओ सामान सजाने वाले
मालिक ने दिया फेंक, सराय को छोड़ जाना है

बन बन से कोई नज़्म टूट गई
जैसे उल्फ़त की रस्म टूट गई
छुआ न जाम, न मीना-ए-सागर को
यूँ ही मगर, तौबा कसम टूट गई

मेरी मायूस उदासी जो घिरी शाम बनी
तनहाई घुटी, मौत का पैयाम बनी
कितना बेकस हूँ मैं लाचार, गुनाहगार नहीं
प्यास सागर की उमड़ मय का एक जाम बनी

दिल में थे मेहमान, वो अरमान गए
जान देते थे जिन्हें, उन्हें जान गए
न इश्क, न रश्क, न मय, न रकीब
वक्त के साथ ये सभी तूफान गए

पीने पिलाने का ख़त्म दौर, कब था ज़ोश हुआ
नशे में ढुलक साकी, कब रकीब की आगोश हुआ
कैसे कहते हो मेरी प्यास, गुजर हद से गई
मुझे है होश, कि किस वक्त मैं बेहोश हुआ

हकीकत बन गई, वो कहानी कौन समझेगा
गया जो सूख, आँखों का वो पानी कौन समझेगा
जो टूटा ख़्वाब, मोती रह गए रुख्सार पर जम के
मोहब्बत की नाजुक सी निशानी को कौन समझेगा

गए वो जाके आने को मगर, जाकर नहीं आए
ख़्वाब में मेरे आए मगर, आकर नहीं आए
उनके वादों का यकीन क्यों कर लिया तुमने 'उजागर'
कसम अपनी जान की भी, जो खाकर नहीं आए

कल हो जिसमें, कल कभी न हुआ
पल को मिले चैन, पल कभी न हुआ
हल की नोक से धरती का कलेजा चीरा
प्रश्न रोटी का मगर हल कभी न हुआ

सपने महकने लगते हैं, गीत चहकने लगते हैं
चढ़ती उम्र हाय ऐसी होती हैं, पाँव बहकने लगते हैं

बात करते हैं, पहले सी मगर अब बात नहीं
मिलने को मिलते हैं, पर होती अब मुलाकात नहीं
था कभी वक्त अपना, हर वक्त था हमारा
अब न दिन, दिन वो रहे, रात वो अब रात नहीं
कहने को करते हैं वो इज़हार-ए-मुहब्बत लेकिन
अब न वो एहसास रहे, अब वो जोश-ए-जज़्बात नही
हम तो हैं वही, वही वो भी, फिर ऐसा क्यों है
सोचने से सुलझते हैं ये सवालात नहीं

सागर की थाह ढूँढूँगा
पत्थर में चाह ढूँढूँगा
मेरा नाम जो 'उजागर' है
अंधेरे में राह ढूँढूँगा

सागर में हो पानी, मगर ज्वार न हो
बादल में हो पावस, मगर बौछार न हो
ये हो ही नहीं सकता - सम्भव तो नहीं है
जीवन में हो जवानी, मगर प्यार न हो

जीवन में जवानी का लिये शाप चला हूँ
हर पाप का पाता हुआ सन्ताप चला हूँ
पर पाप को छोड़ा तो नहीं मैंने कभी भी
प्रत्येक घड़ी में मैं किये पाप चला हूँ

रो रो के गई मौत मुझे जीना सिखा
हर दर्द पराया मुझे अपना सा लगा

भावुकता की आँख से आँसू छलके
काजल की स्याही से नया गीत लिखा

तुम दिल के कुसुम- कुंज में आबाद रहोगी
हमेशा के लिए बनके याद रहोगी
क्रम साँस का जब तक है, नहीं भूल सकूँगा
अधरो पे प्रिय मूक सी फ़रियाद रहोगी

कलि को चटकने से चाह मिलती है
शूल को खटकने से आह मिलती है
ऐसे ही नहीं मिलती प्यार की मंजिल
राह भटकने से ही राह मिलती है

हर किरण के पीछे तम जरुर होता है
हर ख़ुशी के पीछे ग़म ज़रूर होता है
कोई किसी के दुःख में शरीक क्या होगा
पर हाँ, दर्द कहने से कम ज़रूर होता है

किसी की सो के रात कटी
किसी का हो के रात कटी
तुम्हारा हो के, मगर हमारी तो
उदास सी, रो के रात कटी

बात मन में कहीं खटक गई जैसे
साँस तन में अटक गई जैसे
बाद चलने के उम्र भर ये महसूस हुआ
ज़िन्दगी भटक गई जैसे

इस रूप के परदे में भी अभिशाप छुपा है
इसमें भी गुनाहों को कोई ताप छुपा है
आवरण के पीछे तो सभी पाप किये हैं
बस भेद है इतना, कि अभी पाप छुपा है

जब तुमने ही छोड़ा है प्रिये तीर-ए-नज़र
और फूंक दिया तुमने जलाकर के जिगर
अब पूछ रही हो प्रिये क्यों आज ये मुझसे
किस आग में जलकर के चमकता है 'उजागर'

ये जानता हूँ किस्मत में तो लिखी है ठोकर
फिर भी जुनून देखो, मैं आज़मा रहा हूँ

जगत सुझाता है मुझको, खड़ी दीवार है आगे
भला उससे मैं ये कह दूँ, कि टकरा लौट आऊँगा

जिसे दीवार समझा था वो कोमल सी ही चिलमन थी
उसी बस भूल पर बैठा, मैं अब तक मुस्कुराता हूँ

न छोड़ो आश का आँचल, किसी से लौ लगाओ भी
करो विश्वास थोड़ा सा - ये पत्थर पिघल जाएगा

क्या स्वर्ग नरक भी हैं? नहीं देखा किसी ने
खींची तो नहीं स्वर्ग को है रेखा किसी ने
उस नरक की ज्वाला में युगों तक क्या जलूँगा
मैं कितना हूँ दोषी ये लिखा लेखा किसी ने

तुम्हारे पास आने से मुझे विश्वास होता है
कि मैं भी एक दो क्षण - जिन्दगी के बीच जीता हूँ

मैं रोज का मेहमान हूँ, मेहमान नहीं हूँ
हूँ परिचय पुराना, नई पहचान नहीं हूँ
लगता हो तुम्हे चाहे बुरा रोज का आना
आता हूँ यही सोच, कि अनजान नहीं हूँ

उन्माद के संसार को मैं देख रहा हूँ
नैनों में मदिर प्यार को मैं देख रहा हूँ
ना कहने के अन्दाज में कुछ ऐसी है अदा
कि इनकार में इकरार को मैं देख रहा हूँ

पंख ले, परवाज दे दी
साज़ ले, आवाज दे दी
कितनों को क्यों ऐ खुदा
तूने दिल-ए-जान ले, उम्र-ए-दराज़ दे दी

मिलते तो है फिर वो मुलाकात नहीं आती
बात तो होती है, मगर फिर वो बात नहीं आती
ढलता है यूँ तो दिन, आती है रात भी
आती तो है रोज मगर, पहली वो रात नहीं आती

तेरी तस्वीर आँखों में गई घुल इस कदर
अब तो हर आँसू में तेरा दीदार करता हूँ

अगर भक्ति ये सच्ची है, असर इतना तो होगा ही
नहीं आना तो न आये, मगर आसन तो डोलेगा ही

जली जो प्रेम की ज्वाला इसे तो जानते दो ही
जलाई आग है जिसने या कि जल रहा जो उसमें

उजागर किस लिए उनको उन्हीं गलियों में ढूँढता है?
भला पथ में पड़ा हीरा, कभी ढूंढे से मिलता है?

उजागर किस लिए मुझको, बसाते हो नहीं दिल में
सुमन सी तुम सुकोमल हो, कही अग्नि जला न दे

जले जा आग को लेकर के सीने में तू उजागर
कि जलता देखकर तुझे कोई पानी भी डालेगा

मैं चैन से कबर में सोया पड़ा हुआ था
दिल जलाने के लिए चिराग जला तुमने दिया

जान ने जो जान कहा, जान कसम, जान ये निकल सी गई

तुम क्या जानो दुःख हमें, क्या क्या यहाँ आने में है
साँस इक आने में है और साँस इक जाने में है

बस की भारी इन्तजारी की भी बस होने लगी
बस में होती बस अगर, क्यों होके बेबस देखते

अश्रु मेरे जो थम गए होते
घुलने को कहाँ गम गए होते?

नशा जो उतरा तो साक़ी की
हर नज़र में था धोखा, अदा हरेक कातिल थी

प्रीत बेल को सींच नयन के जल से मीरा हुई दिवानी
गिरधर नटवर नागर ने पर, पीर व्यथा न उसकी जानी
नीरज ने बिजली से पूछा तो खुल गया ये भेद 'उजागर'
प्यार की आधी देह आग है, और आधी काया है पानी

तन राख की ढेरी है, जो ढेरी न रहेगी
चीज जो मेरी है, वो मेरी न रहेगी
सच तुझ से कहूँ मैं तो तुझे झूठ लगेगा
तेरी भी जो तेरी है, वो तेरी न रहेगी

कभी सबब से, कभी बेसबब पी ली
अब न पूछो क्यों, कहाँ और कब पी ली
दिन, रात, सुबह, शाम कोई वक्त न,
तिष्नालब जब लगी तलब, पी ली

वो ज़ख्मों की दवा देता मुझे कुछ तो बता
पर मुझसे ही कातिल की खुशामद न हो सकी

मनमीत हो हर मीत, जरुरी तो नहीं
भा जाए हर इक बात, जरुरी तो नहीं
तुम आ न सके पास, तो अफ़सोस ये कैसा
मिलने की हो हर रात, जरुरी तो नहीं

इकरार की ये रात चली जाएगी
तारों की बारात चली जाएगी
जाने को चले जातें हैं दुनियाँ से सभी
अफ़सोस, मेरी बात चली जाएगी

आँखो में तेरी हूरों का खवाब तो है
नीयत तेरी यकीनन कहीं खराब तो है
तू नहीं पीता पर तेरे घर में ये महक
लगता है छिपी हुई कहीं शराब तो है

जनसंख्या के बढ़ जाने से, होंगे प्रश्न बड़े बड़े
जब जगह न होगी सोने को, तब सोएंगे सब खड़े खड़े,
अस्तबल में घोड़े को देखा है, वह खड़े खड़े ही सोता है
अभ्यास करो मैं कहता हूँ, अभ्यास से सब कुछ होता है

किसी दिन किसी खुशी, किसी ग़म ने पिला दी
किसी दिन किसी साकी के सर की कसम ने पिला दी
जिस दिन भी ये सोचा, के नहीं आज पियूँगा
उस दिन ही मुझे झूम के मौसम ने पिला दी

हर फूल खिला है डाल से झड़ने के लिए
हर गाँव बसा है, इक दिन उजड़ने के लिए
ये तुममें, मुझमें जो बोलती मैना, है ना
तैयार है कोई दम में, शाख से उड़ने के लिए

तेरी मेरी ये कहानी न रहेगी
मैं दिन का राजा, तू रात की रानी न रहेगी
यूँ रूठने, मनने, मनाने में न वक्त गवा
हमेशा तो ये रंगीन जवानी न रहेगी

पूछते हैं "आप क्यों नहीं गए?"
जाएँगे जो चले, तो याद कीजिएगा!

जीते मरने की चाह करते हैं,
मरते जीने की चाह रहती है

पहले तो बिना बात की भी बात थी मेरी
अब बात की भी बात, कोई बात नहीं

हृदय तू मूर्ख है कितना, 'उजागर' क्या कहे तुझको
किसी की बात को पगले, क्या हमेशा याद करते हैं?

पिंजरे में बंद था तो छटपटा रहा था
जब द्वार खुल गए तो उड़ने को मन नहीं है

हर चीज़ ने किया है इतना मुझे परेशां
है चैन चीज़ कोई, नाचीज क्या बताए

आए, न आए, ख़त मेरा, कासिद मगर तू आ
ज़ालिम ने ख़त नहीं लिखा, आ करके कह तो जा

न चैन उस करवट हमें आया
न पहलू को बदल कर ही!

मुइय्यन दिन हो राहत का, तो घड़ियाँ कैद की गिन लूँ
उमर के साथ ही लेकिन सजा भी बढ़ती जाती है

मुद्दत हुई है उनसे दिल की कहे हुए
क्या कल की मुलाकात में, कुछ कहा नहीं?

मैं करूं शिकायत और आप सुनें
यही शिकायत है, कि ये हो न सका

बड़े मयखार होने का, तुम्हें था नाज अपने पर
तुम्हारे हाथ से ही शीशाए दिल छूटकर टूटा

रात की रानी, मोतिया, दोनों महकने लगीं
किसी शोख ने पुरपेच गेसू तो नहीं खोले?

'उजागर' नहीं मरा, अय बुत बात ये हुई
पथरा गई है आँख तेरे इन्तजार में

गर खुदा दिल को जान दी है
जान को भी दिल दिया होता

उम्र ढली, खोफ-ए-खुदा, खोफ-ए-कज़ा, खोफ-ए-गुनाह
दिखे जो आप, तो फिर से दिल जवान हुआ

मेरी नज़र उनकी नज़र से मिली
नहीं लौटी, नज़र जो नज़र से मिली

किसी संगे दिल बुत से यूँ प्यार किया
किसकी मेहरबानी पे ऐतबार किया
बोले मिलेंगे, गर खुदा ने मिलाया हमें
हमने तो उसी दिन से कयामत का इन्तजार किया

रंगीन बहारों में ले चला कोई
हसीन नजारों में ले चला कोई

पाँव मोहब्बत के ज़मीं पर पड़ते नहीं
चाँद सितारों में ले चला कोई

प्यार तेरे नाम की दुहाई है
फिर मेरी आँख डबडबाई है
बाद मुद्दत के वो दिखे, दिल ने
जैसे ठोकर सी फिर से खाई है

हर शै वजूद छलती है
यही आदमी की गलती है
बचना मुश्किल है, गैर मुमकिन, पर
ज़िन्दगी मौत से बचके चलती है

आग में डूबे कई राग हुआ करते हैं
चिराग दिल में लिए आग हुआ करते हैं
वक्त मरहम है जो भर देता, मिटा सकता नहीं
प्यार के गहरे बहुत दाग़ हुआ करते हैं

आहट-ए-मौत हर कदम, हरेक साँस सुनता हूँ
अपनी डोली के लिए, फूल आप चुनता हूँ
खुदगर्ज ये दुनिया तो मुझे दे, कि न दे
अपने हाथों से कफ़न अपने आप बुनता हूँ

मिली नज़र तो ज़रूर, मगर आप हमनजर न हुए
सफ़र में साथ रहे, फिर भी हम-सफ़र न हुए

नज़र नजारों में खो गई मेरी
ख़ुशी बहारों में खो गई मेरी

गर्दिश में हाथ से निकल किस्मत
दूर सितारों में खो गई मेरी

चाँद गया, चाँद की बारात गई
रात की रानी की महक, रात गई
सुबह हुई, खुमार जैसे उतरा हो
बात की बात थी, वह बात गई

मुझपे जादू सी छा ही जाएगी
दर मेरा कभी तो पा ही जाएगी
नींद है, कोई मौत नहीं
आते आते से, आ ही जाएगी

दर्द बढ़ता है जब कि सीने का
शौक पड़ता है रोज पीने का
हम शराब ग़म की पी गए इतनी
होश बाकी रहा न और जीने का

फाँस निकली, मगर फाँस की चुभन न गई
दीप बुझा, पर दिए की जलन न गई
किसी ने दिल की लगी, दिल्लगी समझी
टूट गया दिल, दिल की मगर लगन न गई

ईश्वर के लिये प्यार क्यों, मैं यार को छोड़ूँ?
उस स्वर्ग के सुख के लिये, संसार को छोड़ूँ?
उस पार मिले या न मिले, कौन ये जाने
उस पार के लालच में, क्यों इस पार को छोड़ूँ?

इसी इन्सान के भीतर कभी शैतान होता है
इसी इन्सान के भीतर छुपा भगवान होता है
छिपा जो रूप के पीछे, वो मानव है या दानव है
ये झटपट जान लेना तो, नहीं आसान होता है

जब दीप ही बाला है, तो झंझा से न डर तू
चिन्ता तो प्रलय की भी हवाओं की न कर तू
यदि डर ही था पहले, तो चलाई नहीं होती
अब छोड़ दी नैय्या है, तो कर पार भँवर तू

यदि प्रेम हो सच्चा तो नहीं मिटता मिटाये
रहता है सदा प्राण में, वह दिल में समाये
यदि भूल गई हो प्रिये, तो प्यार नहीं था
जाता है भुलाने से भला कोई भुलाये?

मत फूल पुजारी तू चढ़ा, चरण के ऊपर
फूलों को तो रहने भी दे, बेकार न तू कर
ये फूल तो मुरझाएंगे कल शाम तलक ही
कुछ और चढ़ा तू, यदि है प्यार अनश्वर

ढूंढे से नहीं मिलता कभी यार किसी को
कोशिश से नहीं मिलता है दीदार किसी को
वैसे तो अचानक ही कभी दीख पड़े, पर
सड़कों पे कोई मिलता है, हरबार किसी को?

कर्मा से कोई भाग्य का निर्माण क्या करे?
मेहनत के सिवा और ये इन्सान क्या करे?
जब भाग्य ही बने न, तो मानव का दोष क्या?
जब भाग्य में नहीं है, तो भगवान क्या करे?

बाधाओं से इन्सान नहीं रुकते हैं
सच है व्यवधान नहीं रुकते हैं
रोको न 'उजागर' को, 'उजागर' न रुकेगा
तिनकों से तूफान नहीं रुकते हैं

रात अश्रु में ढल ही जाती है
दीप की शिखा जल ही जाती है
मुझे मालूम है सपनों की हकीकत, पर
सूरत है मासूम, छल ही जाती है

छाँह में बगिया की तपन तीखी है
साँस में जीवन की घुटन तीखी है
जाए तो ज़माने में कहाँ जाए 'उजागर'
हर फूल की यहाँ पे चुभन तीखी है

ज़िन्दगी तू बड़ी ही बेवफा निकली
मौत आई तो, हवाले कर दिया उसके?

लुका-छिपी सी हुई अब तो जिन्दगी
मौत हमको ढूँढती है, हम मौत ढूंढते हैं

किसी की कहानी को कौन समझेगा
पीर पुरानी को कौन समझेगा
सुना न दिल की यूँही किसी के भी आगे
पराई आँख के पानी को कौन समझेगा

होंठ सीने की, फिर मैं कसम खा लूँगा
यूँ न जीने की, फिर मैं कसम खा लूँगा

टूट गई आज तो, पी लेने दे साक़ी
कल न पीने की, फिर मैं कसम खा लूँगा

कौन सा ये सितम नहीं ढाता?
कौन सा ये कहर नहीं लाता?
कब न जाने किस पे क्या गुजरे
वक्त कह कर, बुरा नहीं आता

नज़र को नज़र के नजारों ने लूटा
चमन को चमन की बहारों ने लूटा
गिला क्या करें हम किसी से, किसी का
हमीं को, हमीं से, हमारों ने लूटा

राज़ उन पर अयाँ न हो जाए
दर्द मेरा बयाँ न हो जाए
छेड़ना तुम संभाल गज़ल मेरी
इश्क फिर से जवां न हो जाऐ

साक़ी मैं अभी पूरी तरह होश में हूँ
ला जाम दे, पीने के अभी जोश में हूँ
पायल पे तख़य्युल है, नहीं अर्श पे पहुंचा
मुझे मालूम है, तेरी मैं आगोश में हूँ

जोश-ए-जज़बात क्या कहिए
प्यार की बात क्या कहिए
जिन्दगी भर भुलाना मुश्किल है
छोटी सी मुलाकात क्या कहिए

ज़ुल्फ़ से न चमन महक जाए
मेह से आग न दहक जाए
डगमगाने न लगे राह कहीं
प्यास से जाम न बहक जाए

पानी में डूब न पलक जाए
चाँद पाने को जी न ललक जाए
यूँ न देखो नशीली नजरों से
जाम खो होश, न छलक जाए

सत्य को जो जान सच न बोलेगा
भेद खुले-आम, खुल न खोलेगा
बांधे ये माया की पट्टी आँखों पर
न्याय कब तक सबूत तोलेगा?

गिर के फिर, फिर से सम्भलना होगा
उठ के फिर, फिर से चलना होगा
बदले न तू फिर, फिर से इरादा अगर
फिर, फिर से तेरे मुक़द्दर को बदलना होगा

वरना होती ये जन्नत पैरों में
अफसोस आप हमारे न हुए

चाहे अन्जान हो, मेरे पर महमान हो
तुमने जो माँगा ये दिल, कैसे मैं कहूँ ना

शादी है शादमानी हर्ष है, उल्लास है
कहकहें, किलकारियाँ हास है, परिहास है

खिलते चेहरों के दिल में झाँक कर देखो अगर
डूबा गम में है, परेशाँ है, दुखी उदास है

मनचला चला गया, कि मन चला सा रह गया
जलजला चला गया, कि जलजला सा रह गया
उम्र के खुमार के उतार पर पहुँच, लगा
वलवला चला गया, कि वलवला सा रह गया

जन्म क्या? अस्तित्व की प्रस्तावना है
अस्तित्व क्या? बस अहं की भावना है
अहं क्या? आज मैं हूँ, कल हो मेरा
है अनिश्चित आज, कल सम्भावना है

न बुरा शबाब होता है
न जाम-ए-शराब होता है
अपनी ही तबीयत मचल जाती है
अपना दिल ही खराब होता है

जब से दुनिया में आई होती है
साथ वो भाग लाई होती है
रख न सका कोई भी बाबुल घर में
जन्म से बेटी पराई होती है

आँख बरबस बरसने लगती है
प्यार को रूह तरसने लगती है
नाम तेरा जो कोई लेता है
पीर पुरानी कसकने लगती है

ग़मी से नहीं, खुशी से डरता हूँ
नमी से नहीं, मैं हंसी से डरता हूँ
ऐसी दहशत दिल में मेरे बैठ गई
मौत से नहीं, ज़िन्दगी से डरता हूँ

कैसे कहूँ कि मैं बीमार नहीं
सिर्फ मुझे मौत का इन्तजार नहीं
हर सुबह यूँ ज़िन्दगी ने कहा मुझसे
आज भी जीने को मैं तैय्यार नहीं

ऐसे भी लम्हे कभी ज़िन्दगी में आते हैं
जिनका मतलब ही नहीं आप समझ पाते हैं
ऐसे भी हादसे गुजरते हैं कभी
आँख रोती है, होंठ मुस्कुराते हैं

आपने प्यार किया, मेरी खुशनसीबी है
मिलना न मिलना तो मुकद्दर की बात थी

दिन, रात धोखा दिया करते हैं
हालात धोखा दिया करते हैं
क्या कहें दिल को, खुद अपने ही
जज़्बात धोखा दिया करते हैं

दर्द भरी है हर कहानी, क्या कहिए?
है हर परेशां ज़िन्दगानी, क्या कहिए
किस किसकी दास्तां लिखूं, क्यों दिल टूटा
हर आँख में है पानी, क्या कहिए?

हर एक आदमी को है तलाश कोई
हर एक साँस में लगी है आस कोई
ये लाचारी, मज़बूरी है बेकसी है
हर एक जाम में घुल गई, प्यास कोई

ये जोश जज्वात न फिर से आएगी
दिल की होठों पे बात न फिर से आएगी
मेरी आँखों की नमीं का तो मतलब समझो
ये मौसम, न ये बरसात फिर से आएगी

अश्रु भरा हर नयन बिकता है
फूल बिकता है चमन बिकता है
मैंने देखा है हाथ चाँदी के
लाश का कफ़न बिकता है

साँसों का तो आधार हुआ करता है
पत्थर में भी तो प्यार हुआ करता है
इनको तो अपनाना है आसान नहीं
फूलों में भी एक भार हुआ करता है

पीर क्या है, प्यार का ही नाम है
हर सुबह अज्जाम में एक शाम है
सूर्य ने की बेवफाई साँझ से
रात का काला तिमिर बदनाम है

आवाज दी, मुझसे ही आया न गया
रूठी किस्मत को मनाया न गया
तुम आँख में मेरी बात पढ़ न सकी
हाल-ए-दिल मुझसे सुनाया न गया

चढ़ता है जो तूफ़ान उतर जाता है
खिलता है जो फूल बिखर जाता है
रह जाते है धूल पे क़दमों के निशाँ
कहते है कि इन्सान गुजर जाता है

घुटके मरे चाह, नामुमकिन है
रोके रुके आह, नामुमकिन है
मिलने की सूरत भी निकल आएगी
कोई न मिले राह, नामुमकिन है

दिल में चुभ जाए हर बात, जरुरी तो नहीं
हर खेल में हो मात, जरूरी तो नहीं
तुम आ न सके पास तो अफ़सोस कैसा
मिलने की हो हर रात, जरुरी तो नहीं

जिगर में उतर निगाह गई
चाह कर मुझे तबाह गई
कहने से रास्ते बदले पर
उसी के दर हरेक राह गई

दिल हमारे जो मिल गए होते
रह न फिर वो दिल गए होते
खिजां का डर गुच्छे उदास रहे
वरना हँसके खिल गए होते

पिलाता था कोई, मैं ही था मयखार नहीं
साक़ी क्या बराबर का खतावार नहीं
दोज़ख में उसे साथ मेरे ले चल
क्योंकि मैं अकेला ही गुनाहगार नहीं

दिल है तो, आह मुमकिन है
जहाँ है चाह, राह मुमकिन है
जब तक हूँ इंसा, मैं फ़रिश्ता नहीं
मुझसे हर गुनाह मुमकिन है

शोला राख में बुदबुदाया है
गीत होठों ने गुनगुनाया है
नफ़रत थी मुझे तुमसे, मैं भूल गया
तुमने बाद मुद्दत के जो बुलाया है

एक पाट चाकी घरती, दूजे ये आसमान
इन दोनों में पिसता आया है सदियों से इन्सान
रोटी कपड़ा और मकान

सभी की कहानी दुखों ने लिखी है
तू ही एक ग़म की कहानी नहीं है
सभी के नयन आँसुओं से भरे हैं
तेरी आँख में ही तो पानी नहीं है

सुखा रहा है हर कोई आँखों का पानी
सुना रहे हैं सब ही अपनी राम-कहानी

अलग दास्ताँ एक की दूसरे से
मगर ग़म बराबर है सभी की कहानी में

कोशिश की लाख भुलाने की मगर
भुलाना है तुम्हें ये ही मुझे बस याद रहा

इसलिए ही जिंदा हूँ आज तक मैं तो
शायद मेरी शक्ल तुम्हें देखनी हो कभी

रोका सगाई व्याह शादी और गाने
रात की दुल्हन मिलन स्वपन सलौने
लहर के किनारे रेत पे खड़े घरौंदे
ये दुनिया, हम तुम और वो,
मिटने के लिए बने खिलौने

तुमसे मिलना खुदा के मिलने से कम तो नंही
खुदा मिलते गये, पर तू न मिला

कितनी यादें वाबस्ता हैं गली में तेरी
जब भी गुजरता हूँ दिल धड़कने लगता है

तुमसे निस्बत नहीं कोई फिर भी
दिल तेरे नाम से धड़कता है

न नज़र से अयां हो सकी, न जुबां से बयाँ हो सकी
रह गई अनकही दास्ताँ, ये पूरी कहाँ हो सकी

हाय, भूले कई जवानी की
उम्र ढलती में याद आती हैं

जो भूख को पाल नहीं सकते
उन्हें भूख पाल देती है

गुल ये कहने लगे चमन हमारा नहीं
सितारे यह सोचे गगन हमारा नहीं

कौन सींचेगा लहू से अपने इसे
सभी ये सोचे वतन हमारा नहीं

हम अच्छे व्यापारी न हो सके
एक मीठी मुलाकात हुई और दोनों ने ही कुछ खोया
फर्क इतना है, उसने जिन्दगी का एक पल खोया
हमने एक पल में जिन्दगी

ज़िन्दगी से हो, उदास पीता हूँ
आश से हो, निराश पीता हूँ
खाली मैं जाम चूम होंठो से
प्यास इतनी है, प्यास पीता हूँ

कभी नजर भी भटकने लगती है
कभी उमर भी झटकने लगती है
राही ही नहीं भटकते राहों से
कभी डगर भी भटकने लगती है

वैसे कुछ भी भला नहीं होता
वैसे कुछ भी बुरा नहीं होता
वक्त अपना भला-बुरा न बने
वैसे दुनिया में क्या नहीं होता

धुनने वाले! तेरे धागे धुनें जाएंगे
बुनने वाले! तेरे ताने बुने जाएंगे
चुन-चुन कर डाल से फूल चुनने वाले
चुन-चुन के तेरे फूल चुने जाएंगे

मैंने नहीं, मय ने ही उबारा है मुझे
अपनों परायों से प्यारा, ये प्याला है मुझे
सकता हूँ, जाम को, न मैं छोड़ कभी
जब गिरने लगा, इसी ने संभाला है मुझे

कौन से मोड़ पर, कौन किससे मिले
कौन हो जाये किससे कहाँ पर जुदा
किसी को नहीं बात मालूम है
ये शायद खुद ही जानता है खुदा

रात ढली, महफ़िल में चहक बाकी है
उतरा नशा उसकी बहक बाकी है
रात की शमा, तुझे समझाऊ मैं क्यों कर
गजरों को न फेंक, अभी उसकी महक बाकी है

दिल हंसी से अधिक, रोया है
काटा है कम, ज्यादा बोया है
ज़िन्दगी के व्यापार में, हमने
पाने से ज्यादा, खोया है

उखड़ी हुई अपनी मुझे हर साँस लगती है
अपनी हंसी अपना मुझे उपहास लगती है
किसी ने पूछा 'कैसे हो?' कहा मैंने कि अच्छा हूँ
मुझे अपनी ही उक्ति पर, विरोधाभास लगती है

खाक है तू, खाक को पर क्यों नहीं पहचानता है
खाक के पुतले, न तू क्यों खाक खुद को मानता है
खाक से पैदा हुआ है, खाक में मिल जाएगा
खाक के तन के लिए, क्यों खाक दर दर छानता है।

तुम थाह समुन्दर की कभी पा न सकोगी
तुम नाप के गहराई तो बतला न सकोगी
गम्भीर हृदय उससे अधिक रखता 'उजागर'
तल तक तो हृदय के प्रिये तुम जा न सकोगी

आए थे हरिभजन को, ओटन लगे कपास
हीरा जन्म अमोल था, बीता चरते घास
बीता चरते घास, रात दिन बोझा ढोते
नून तेल लकड़ी आटे सब्जी को रोते
रहे पीसते गर्म मसला धनिया हल्दी
अब रोए जब छोड़ आत्मा हँस, देह का पिंजरा चलदी

बुज़दिल सी निगाहों से निहारा न गया
ग़मे रुखसत भी किया हमसे इशारा न गया
ऐसा घोटा है गला हाय इस जमाने ने
तुम्हें इस आखिरी वक्त भी पुकारा न गया

मिली नज़र तो मगर
आप हमनज़र न हुए
सफ़र में साथ रहे
फिर भी हम सफ़र न हुए

9 798890 269690